中国旅游发展年度报告书系
Annual Development Report of China's Tourism

中国入境旅游发展报告 2019

ANNUAL REPORT OF CHINA INBOUND TOURISM DEVELOPMENT 2019

中国旅游研究院

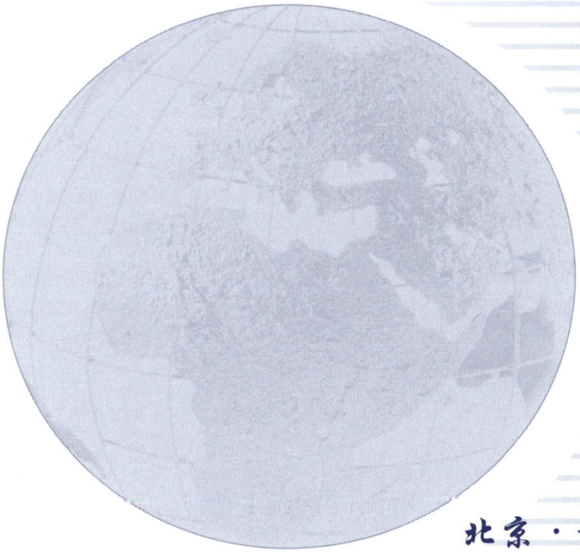

北京·旅游教育出版社

责任编辑：贾东丽

图书在版编目（CIP）数据

中国入境旅游发展报告. 2019 / 中国旅游研究院著
. -- 北京 : 旅游教育出版社, 2020.1
ISBN 978-7-5637-4051-2

Ⅰ. ①中… Ⅱ. ①中… Ⅲ. ①境外游客－旅游业发展
－研究报告－中国－2019 Ⅳ. ①F592.3

中国版本图书馆CIP数据核字(2019)第294344号

中国入境旅游发展报告 2019

中国旅游研究院　著

出版单位	旅游教育出版社
地　　址	北京市朝阳区定福庄南里 1 号
邮　　编	100024
发行电话	（010）65778403　65728372　65767462（传真）
本社网址	www.tepcb.com
E - mail	tepfx@163.com
排版单位	北京旅教文化传播有限公司
印刷单位	北京中科印刷有限公司
经销单位	新华书店
开　　本	787毫米 × 1092毫米　1/16
印　　张	5.5
字　　数	65 千字
版　　次	2020 年 1 月第 1 版
印　　次	2020 年 1 月第 1 次印刷
定　　价	55.00 元

（图书如有装订差错请与发行部联系）

《中国入境旅游发展报告 2019》
编委会

主　任　戴　斌

副主任　李仲广　唐晓云

编　委　（按姓名音序排列）

戴　斌　何琼峰　李仲广　马仪亮　宋子千

唐晓云　吴丰林　吴　普　杨宏浩　杨劲松

《中国入境旅游发展报告 2019》
编写组

主　　编

戴　斌　中国旅游研究院院长、教授、博士

执行主编

刘祥艳　中国旅游研究院国际研究所（港澳台研究所）博士

成　　员

杨劲松　杨丽琼　何琼峰　张佳仪　戴慧慧　余　超

张天力　刘雨乔　周云儿

入境旅游的决心、信心与耐心

一、政府发展入境旅游的决心从未动摇

2008年金融危机之后，入境旅游市场连续数年呈波动下行的态势，加上出境旅游的高速增长，业界很是焦虑。中央和政府旅游行政主管部门想了很多方法，采取了不少措施，但是大势在那里，效果不是很明显。2015年，入境旅游市场开始探底回升，第二年继续维持增长态势。在数据分析和综合研究的基础上，我们做出了“入境旅游进入恢复增长的新通道，但是基础尚不稳固”的判断。2017年，外国人入境旅游市场逐渐呈现四个季度的正增长。2018年，文化和旅游融合发展为入境旅游带来全新的想象空间。2019年，以中国梦为代表的经济社会建设成就和人民的美好生活需要逐渐成为入境旅游市场的新动能。

旅游统计和数据分析是一项很严肃的专业工作，需要依法统计和科学分析。有的机构把入出境市场做简单的对比，得出来貌似有理有据的悲观论断。事实上，旅游服务贸易从2018年开始是有逆差的，但是没有想象的那么大。很多时候我们把一年以上留学、海外务工、海外移民、置业的人和钱都算进去了。对当前出入境市场的情况，中央和旅游行政主管部门是清楚的，对如何优化发展环境，巩固入境旅游市场的增长态势，也是有准备的，相应的理论研究和政策储备也从未间断。对即将到来的2020年和今后一个时期的入境旅游，我和所在的机构充满信心：入境旅游市场正在进入恢复增长的新通道，

新的动能正在积聚，新的机遇正在形成。

入境旅游一直都在习近平总书记和中央的战略视野中，从亚洲文明对话、“一带一路”国际合作高峰论坛、亚太经合组织、上海合作组织等多边框架，到中国与俄罗斯、欧盟、东盟、新西兰等双边旅游年，再到最近的中日高级别人文交流磋商机制，入境旅游推广和国际旅游合作一直都是中央政府关注的话题。为振兴和发展入境旅游，文化和旅游系统一直在努力，新的合力正在形成，相关部门也已开始意识到部门协调的重要性。外交、宣传、财政、发改、移民、海关、公安等部门，对外宣、签证、口岸、免退税、购物等与入境旅游相关的议题一直是高度关注，也是努力协商改进的。从地方政府来看，四川、广东、浙江、上海等的入境旅游推广活动已成常态化。上海的国际旅游节、国际艺术节等既是在做文化，也是在做市场推广。不管是中央政府、地方政府，还是旅游系统和行业，对入境旅游发展的决心都是一以贯之，从未动摇的。

二、行业发展入境旅游的信心一直都在

中国梦正在成为入境旅游发展的新动能。不管是“美丽中国”还是“超乎想象的中国”，都意味着国家富强、人民幸福、环境友好正在成为全新的国家形象。中国是有五千年文明历史的中国，是历经苦难自强不息的中国，也是全面建成小康社会，正在走向第二个百年中国梦的现代中国。中国经济发展成就和自然资源、历史人文资源一样正在成为国际游客，特别是“一带一路”沿线国家游客愿意分享、愿意体验的美好生活的一部分。就像我们十年前去国外买苹果手机一样，今天，入境游客来中国会买小米充电器、华为手机和大疆无人机。入境游客也特别赞叹中国的经济发展成就，来体验包括高铁、扫码支付、共享单车、网购在内的“新四大发明”，去打卡体验彰显当代社会主义建设成就的城市地标和大工程。事实上，以中国梦为代表的人民富裕、国家富强的成就已经成为中国入境旅游发展的全新动能。旅游固然需要家国情怀，但是承载品质生活的人间烟火气更能吸引游客的到访。中国旅游

研究院和谷歌合作的专题报告表明，美食和购物都是入境游客乐于分享的新体验。

城市正在成为日益彰显的独立的旅游目的地。对入境游客而言，在确定来华旅游之后，必然会选择一些城市作为目的地，其航班、住宿等预订及旅游线路规划也大都以城市为单位。城市作为独立旅游目的地的地位更加凸显，并主动承担新时期入境旅游国家战略。上海、重庆、成都、广州等城市出台了促进入境旅游的行动计划，积极开展海外旅游目的地营销推广和国际旅游交流与合作。相比中央政府和省一级政府主要做宏观调控而言，城市完全可以构建更加独立的旅游目的地接待体系。两个月前，在澳门召开的世界旅游经济论坛上，我做了题为《重新发现旅行的美好：从戏剧场到菜市场》的主题演讲：过去的旅游可能更多的是山山水水，是历史人文；今天，城市居民的美好生活正在成为游客体验的新需求。

随着社会环境的持续优化，市场主体的坚守与创新是发展入境旅游的根本保障。经常听人说，入境旅游的机构和人员都散了，这不是事实嘛！国华假日、环球运通等就一直在坚持，而且在印度等新兴市场上取得了不错的成就。传统市场主体在坚守，在回归，队伍没有散，心气神还在。不管是刚重组完的中国旅游集团旅游旅行事业群，还是众多的传统旅行服务商，他们都在坚持做入境旅游。从市场环境看，海外中国文化中心和驻外旅游办事处正在有效融合，这种融合已经涉及人员、财务等各方面较深度的融合。海外游客入境后，吃住行游购娱所依托的商业环境和公共服务体系越来越完善，加上科技进步和政策促进，更多新型市场主体开始涌现出来。HiChina Travel、Lost Plate、LETS 等年轻人的创业创新，让我们看到了入境旅游市场上渐成江河的细流，看到了正在成塔的聚沙，看到了即将燎原的星火。

三、发展入境旅游需要智慧，更需要耐心

当前和今后一个时期，文化和旅游系统、行业和社会各界，要认真贯彻落实习近平总书记关于文化和旅游工作的重要指示，讲好新时代的中国故事，

推动入境旅游的高质量发展。

要进一步提升入境旅游在中央层面的战略地位。在全面建成小康社会的第一个百年中国梦就要实现了，发展入境旅游不仅是贸易和经济问题，还是文化交流、人心相通、对外交往的政治问题。要不断在中央政府层面上推动各级党委和政府重视入境旅游，让意见领袖更多地谈入境旅游。意见领袖不能仅有互联网界的意见领袖，还要包括各个级别的外交官员和公共、私营部门的工作人员。在元首外交、高层互访、双多边交往中加入入境旅游议题。在中央的深化改革体系中要有入境旅游的位置。在“十四五”规划中，要旗帜鲜明地宣示国家振兴和发展入境旅游的决心与信心。

要进一步加强入境旅游的政策协调和机制创新。政策要创新，也要协调，才能把好事办好。中东欧的游客持144小时免签进入深圳却无法直飞免签的海南，而是需要去香港中转，这就属于好事没有办好。中央已经意识到这个问题，中央全面深化改革委员会专门提到改革措施衔接的问题。在入境旅游发展体系中，签证政策、边境旅游实验区、跨境旅游合作区、购物退税等政策都需要衔接。旅游领域要继续各类试点深化改革、扩大开放旅游和产业创新的政策，努力激发各类市场主体发展入境旅游的积极性。北京正在试点外商独资旅行社经营除台湾以外的出境旅游，把中国游客带出去的同时，也能把入境游客带进来。文化和旅游系统要加强与教育、宣传、科技部门的合作，共同营造便利化的语言环境。探索组建国家层面的专业化旅游推广机构，即新时代的国家旅游部门，专业做旅游推广这一件事，把工作人员从官员变成雇员，从面向政治转到面向市场。对外推广要有新理念，多聚焦于小而美的生活细节。中国有五千年传统文化，只谈概念的话，就太大了，在营销推广中容易让游客找不着北。得给游客可触可感的事物，比如让游客闲暇之余吃吃美食、买买东西、逛逛街。要释放开放、友好的积极信号，要有自信，有能力控制随着免签证、落地签和一签多行等便利化政策带来的一些潜在风险。希望未来可以推出中国欢迎计划或友好中国计划，把习近平总书记倡议的亚洲旅游促进计划落到实处。

要进一步调动地方政府特别是城市发展入境旅游的积极性。既然城市作为一个独立的旅游目的地，就要促进、调动和充分发挥其入境旅游的积极性和主动性。充分发挥城市在入境旅游发展中的作用和职能，允许他们走出去做自己的海外宣传，允许或者试点地方政府和城市在海外设办事处进行推广。中国旅游研究院国际所通过公布城市旅游国际影响力的排名，可以提升城市旅游的国际影响力。在这方面，可以与谷歌做深入而系统的合作，让更多人看到谷歌对中国的友好，也让更多的城市能借助谷歌等互联网平台走向世界。我们还要指导各地做好专项规划，包括“十四五”规划及年度工作计划，分类指导、分级规划地方旅游目的地形象。不能只有传统历史文化，还要有更受年轻游客欢迎的时尚、友好的形象。

要进一步发挥市场主体在入境旅游振兴工作中的积极性。不管是国旅总社、环球运通、国华假日，还是 HiChia Travel、Lost Plate、LETS 等，都是入境旅游发展的主力军。只要是能够对入境旅游市场有促进作用的企业，政府部门都应给予关心、关注，倾听它们的诉求，帮助解决它们的困难。对于市场主体，我们不能只看大，也要看小，像 Lost Plate 带客人遍尝当地美食，就很好。除旅行服务商，我们也要看到像希尔顿、爱彼迎等全球化布局的商业机构，它们在入境旅游推广和接待体系中的作用是无可替代的。政策制定者、行政监管部门要适应市场的变化，跟上消费主体的需求，实行包容式监管。有的企业很大，出现一些投诉很正常。高级市场先规范后发展，初级市场不妨先发展后规范。在市场主体创新创业的过程中，只要不涉及意识形态，不涉及生态文明，不涉及生产安全的问题，都可以先放一放，让年轻的企业家们放手去尝试、去探索。

无论如何，不能一提入境旅游，就总想着 20 个世纪 80 年代的辉煌。那是特定的历史阶段，不可能回去的。过去是政商精英和中产阶层来华旅游，现在是大众来华旅游，普通人在消费，这也是入境旅游的新常态。不管是政府还是企业，面对新常态就要有新常态的应对之策。需求已经碎片化了，供给只能分散化，以分散化对碎片化。中央、地方、企业、外资、社会各界等都可以一起上，在入境领域积极作为。“零敲牛皮糖”，积小胜为大胜。总之，要有信心，更要有耐心，不着急，慢慢来。

国之交在于民相亲，任何时候都不要阻碍人民之间的交流交往。好邻居是搬不走的，搬不走就要常走动。海内存知己，天涯若比邻，距离远也不是问题。无论是周边的还是远程的客源地，都有可能发展成为我们的重要入境客源市场。在今后一个时期入境旅游的发展过程中，多一份探索，少一份焦虑，只要有决心、有信心、有耐心，入境旅游市场就一定会越来越好！

目录

CONTENTS

第一章

入境旅游进入恢复增长的新通道

2018 年，我国入境旅游市场规模保持稳步增长，市场结构继续走向优化，入境旅游服务品质得到游客认可。与此同时，入境旅游市场主体不断创新商业模式，更加聚焦细分市场，提供专业、精细服务。

一、入境旅游市场规模保持小幅上升

进入 21 世纪，我国入境旅游虽然增速放缓，但整体依然保持稳步增长趋势。2015 年以来，入境旅游由此前连续三年的负增长转向正增长，并在此后的四年里连续保持小幅增长。2018 年，我国接待入境游客 1.41 亿人次，同比增长 1.2%。与此同时，入境过夜市场和外国人入境市场规模同样保持稳步扩大，2018 年，我国接待入境过夜游客 6290 万人次，外国人入境游客 3054 万人次，分别增长 3.6% 和 4.7%，明显高于入境旅游总人次的增速。根据中国旅游研究院（文化和旅游部数据中心）的预测，2019 年入境旅游将继续保持增长，达 1.45 亿人次，增长 3.0%。

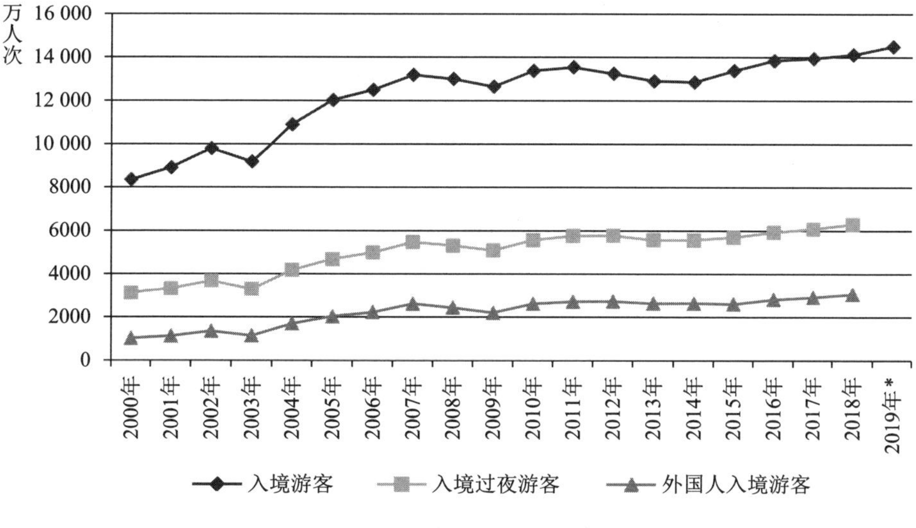

图 1-1　2000—2018/2019 年中国入境游客、入境过夜游客及外国人入境游客人次

数据来源：中国旅游研究院（文化和旅游部数据中心）

注：* 为预测数据

近年来，入境旅游收入同样保持稳步增长。自 2014 年我国根据国际旅游统计规则重新调整入境旅游收入统计口径以来，入境旅游收入增长趋势较明显。到 2018 年，我国入境旅游收入达 1271 亿美元，同比增长 3.0%。根据中国旅游研究院（文化和旅游部数据中心）的初步预测，2019 年入境旅游收入将继续保持增长，突破 1300 亿美元。

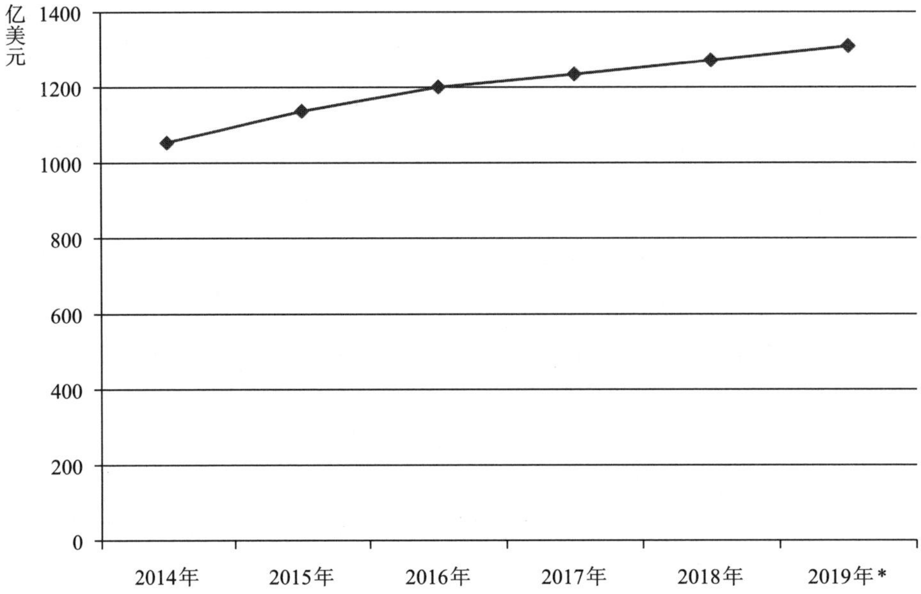

图 1-2　2014—2019 年中国入境旅游收入

数据来源：中国旅游研究院（文化和旅游部数据中心）

注：* 为预测数据

二、入境旅游市场结构的稳定与优化

入境旅游市场结构的稳定在空间上体现为洲际客源市场和客源国市场的稳定，在时间上体现为较强的季节性，其优化则主要表现为入境过夜市场占比及外国人入境市场占比的提升。可以说，我国入境旅游不仅有规模数量上的持续扩大，也有质量上的提升。

即使不考虑中国港澳台地区，亚洲地区也一直是我国最主要的客源市场。亚洲市场占外国人入境市场的比重稳定在60%左右；其次是欧洲和北美市场，近几年来，它们的占比分别稳定在20%和10%上下。整体来看，亚洲、欧洲和北美三个地区贡献了90%的外国人入境客源市场，一直是我国入境旅游市场的主体构成。

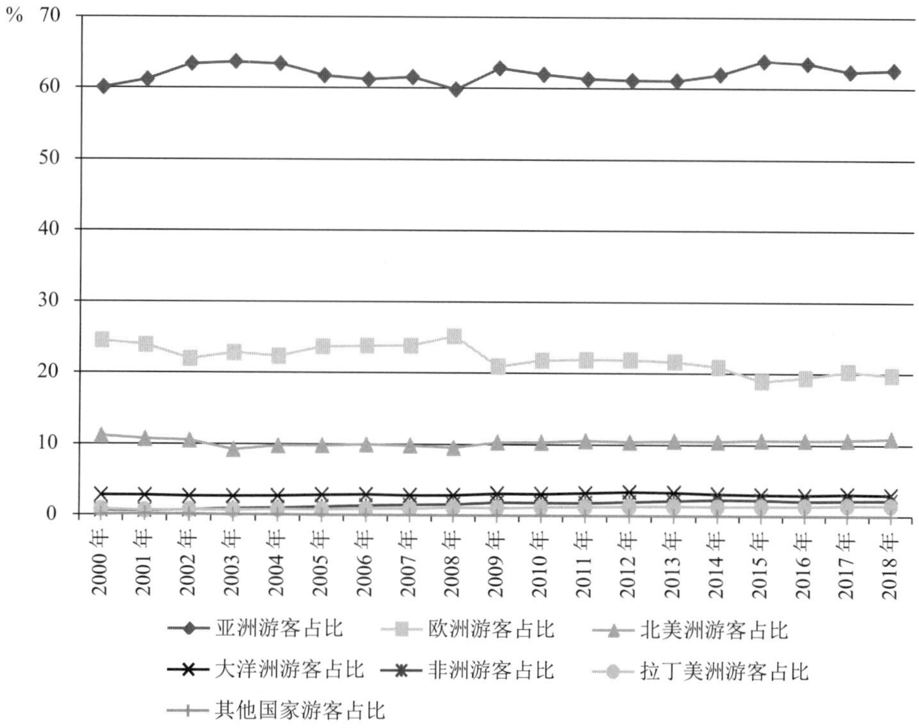

图 1-3　我国外国人客源市场的洲际结构

数据来源：中国旅游研究院（文化和旅游部数据中心）

中国港澳台地区，尤其是港澳地区持续是我国入境旅游的基础市场。虽然港澳台市场占比在缓慢下降，但依然维持在较高水平上。2018年，港澳台市场的占比达78%，即使在入境过夜旅游市场，其占比也超过60%。

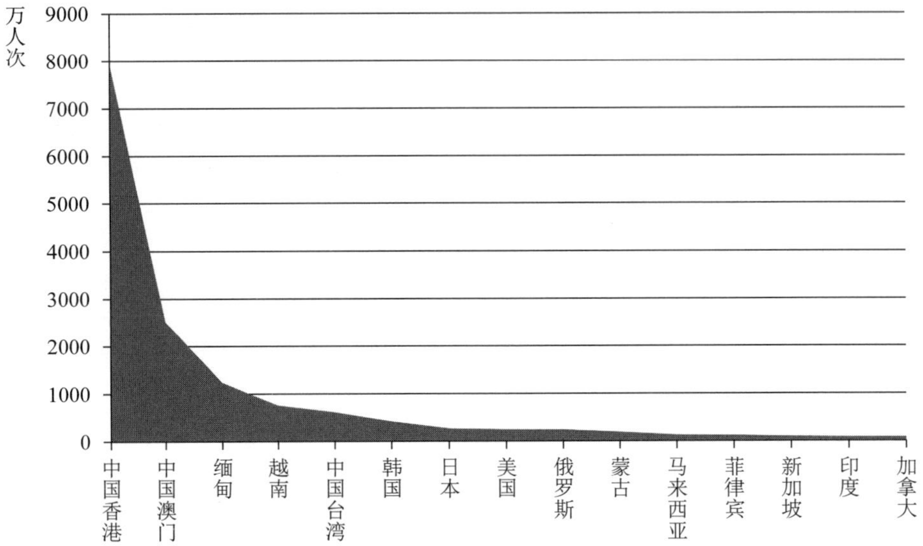

图 1-4　2018 年中国前 15 位客源国 / 地区赴华旅游人次

数据来源：中国旅游研究院（文化和旅游部数据中心）

亚洲周边国家是中国最主要的入境客源市场。不考虑港澳台地区，我国前十大客源市场中，除了美国和俄罗斯外，其余均为亚洲国家。过去三年的数据也显示，虽然位居前十的部分客源国位次有所变动，但这十个客源国家整体保持不变，我国主要客源市场具有较强的稳定性。

表 1-1　2016—2018 年中国主要客源国排名

2016 年		2017 年		2018 年	
1	韩国	1	缅甸	1	缅甸
2	越南	2	越南	2	越南
3	日本	3	韩国	3	韩国
4	缅甸	4	日本	4	日本
5	美国	5	俄罗斯	5	美国
6	俄罗斯	6	美国	6	俄罗斯
7	蒙古	7	蒙古	7	蒙古

续表

2016 年		2017 年		2018 年	
8	马来西亚	8	马来西亚	8	马来西亚
9	菲律宾	9	菲律宾	9	菲律宾
10	新加坡	10	新加坡	10	新加坡

数据来源：中国旅游研究院（文化和旅游部数据中心）

注：以上排名所使用的入境人次数包括边境人次数

春秋季是入境游客赴华旅游的高峰期。其中三月、四月及十月、十一月是入境游客来华最多的月份。其中，不论是对入境游客、入境过夜游客还是对外国游客及外国过夜游客而言，三月和十月均是其来华旅游的高峰期，尤其对外国入境游客而言，三月和十月是其来华旅游明显的旺季。整体来看，三月是冬春过渡的季节，是我国国内旅游的淡季，此时住宿和机票价格较低，来华旅游成本低，可以大致判断，三月来华入境旅游的游客属于价格敏感型。相比之下，金秋十月的气候比较宜人，我国国内旅游在经过国庆黄金周之后，逐渐进入国内旅游的淡季，住宿和机票价格也开始回落，但相对价格因素，月来华的入境游客更多地受宜人气候所吸引。与此同时，春节所在的二月是

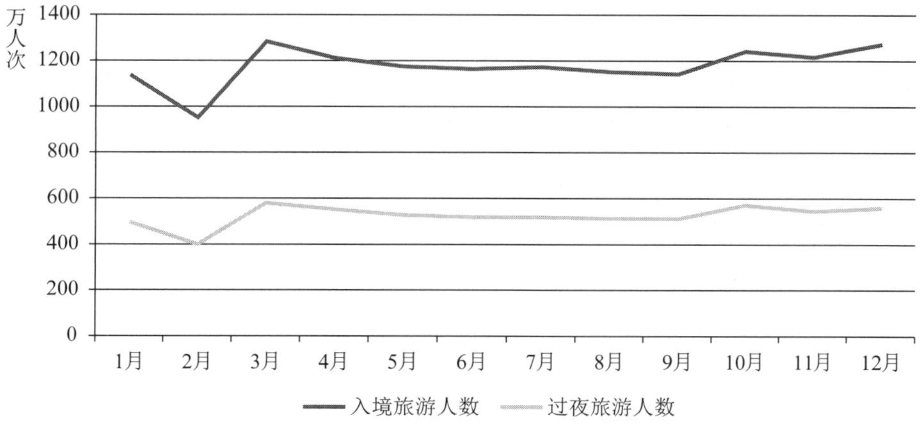

图 1-5 2018 年 1—12 月我国入境游客人次数

数据来源：中国旅游研究院（文化和旅游部数据中心）

入境游客来华旅游的低谷期。一定程度上表明，入境游客多选择我国国内旅游的淡季错峰来华，与国内旅游形成一定的互补。

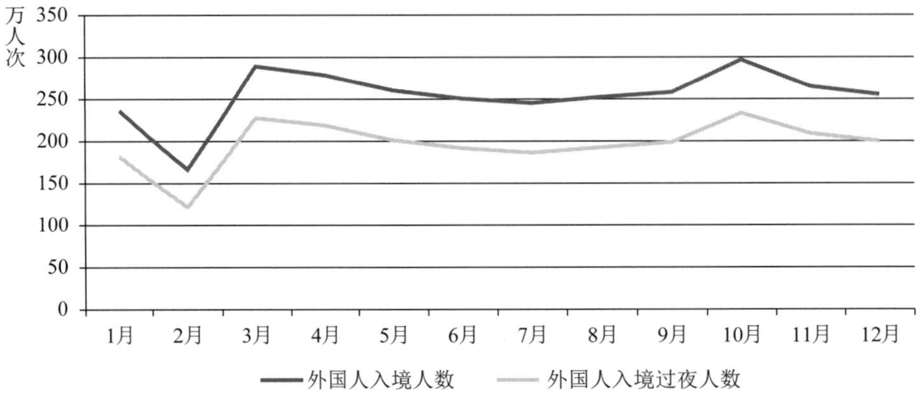

图 1-6　2018 年 1—12 月我国外国人入境游客人次数

数据来源：中国旅游研究院（文化和旅游部数据中心）

无论从入境过夜市场占比还是从外国人入境旅游市场占比来看，我国入境旅游市场结构不断优化。入境过夜旅游市场占比可以反映出一国入境旅游消费的潜力。相对于一日游游客，入境过夜游客的消费能力明显更强，这也是为什么在进行旅游统计时，各国更加重视入境过夜市场，通常将其进行单独统计。2018 年我国入境过夜市场的占比为 44.5%，相比 2000 年提高 7 个百分点。由于历史遗留原因，我国入境旅游统计中包含来自港澳台地区的入境游客，相似的文化和相近的距离促使大量的港澳台地区游客到访。但没有这些促进因素的外国人入境旅游市场规模则更能反映我国吸引国际游客的能力，体现我国在国际市场上的竞争力。过去近 20 年里，外国人入境旅游市场占比同样保持稳步上升，从 2000 年的 12.2% 增加到 2018 年的 21.6%，提升了 9 个百分点。

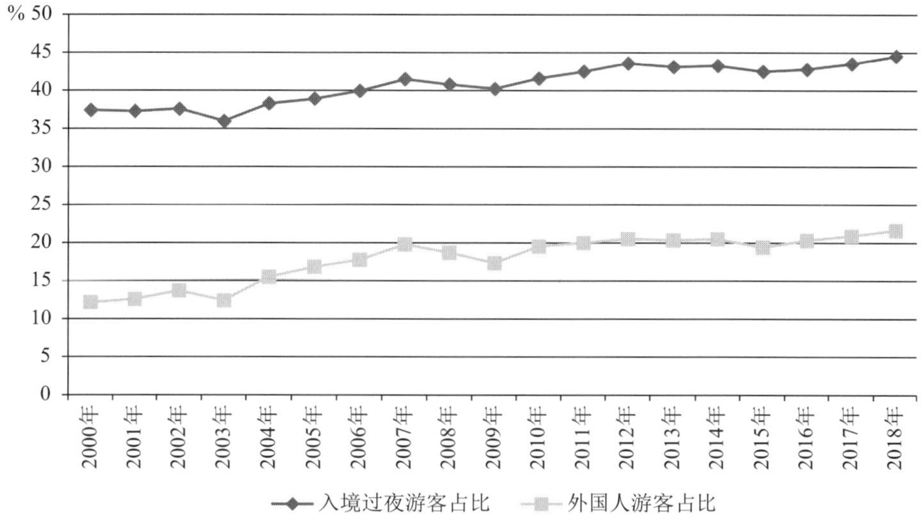

图 1-7　2000—2018 年我国入境过夜游客和外国人游客占比

数据来源：中国旅游研究院（文化和旅游部数据中心）

三、入境游客具有较高的满意度和忠诚度

入境游客认为赴华旅游物有所值。根据中国旅游研究院（文化和旅游部数据中心）对入境游客开展的问卷调查结果显示（如图 1-8），入境游客对"旅游价格是否合理"以及"旅游质量是否与价格相符"的评分接近 8 分，表明入境游客普遍认为来华旅游价格较为合理，性价比较高。

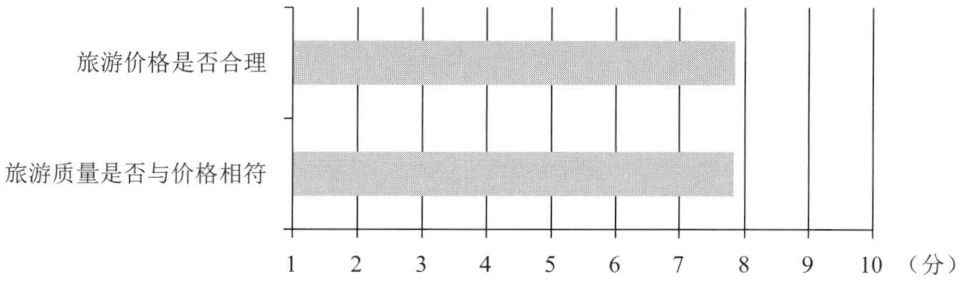

图 1-8　2018 年入境游客对旅游价格的评价

数据来源：中国旅游研究院（文化和旅游部数据中心）

入境游客具有较高的总体满意度。同样根据中国旅游研究院的调查结果（如图 1–9）显示，入境游客对在华旅游的满意度较高，其中入境游客对总体满意度和与其需求相比的满意度评价较高，均超过 8 分，入境游客需求得到较好的满足。

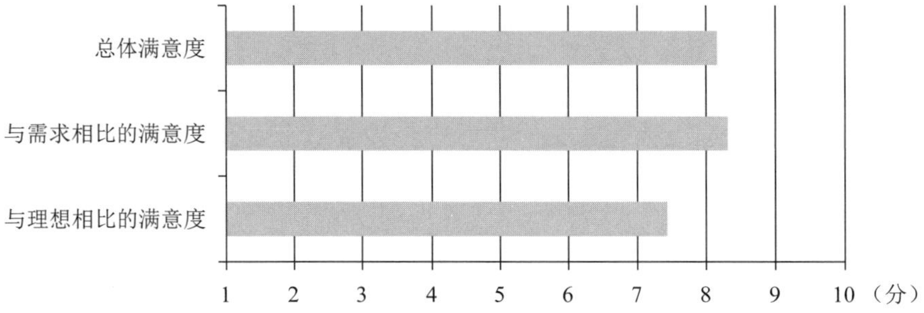

图 1–9　2018 年入境游客的整体满意度水平

数据来源：中国旅游研究院（文化和旅游部数据中心）

入境游客具有较高的忠诚度。根据中国旅游研究院的调查结果（如图 1–10），入境游客未来重游的可能性及推荐给亲朋好友的可能性均较高，评分接近 8 分。另外，根据中国旅游研究院与谷歌联合开展的外国游客行为与态度调查结果，过去两年来过中国的外国游客中，42% 表示未来一年将再次来华旅游，说明外国游客的重访率较高。

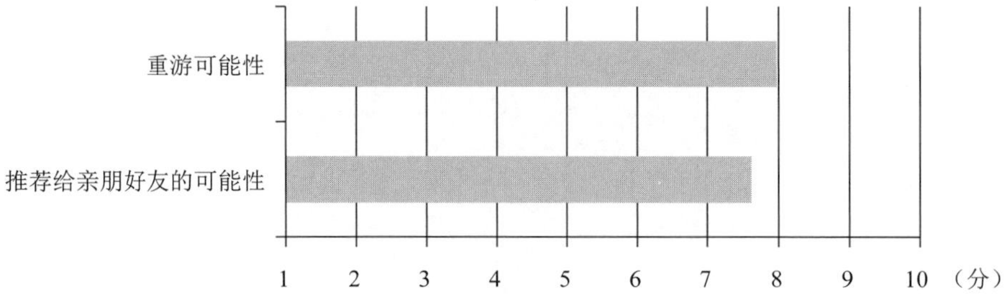

图 1–10　2018 年入境游客的忠诚度水平

数据来源：中国旅游研究院（文化和旅游部数据中心）

四、入境旅游市场主体不断创新商业模式

在入境游客需求更加散客化及个性化趋势下，从事入境旅游业务的典型市场主体——旅行服务商更加多元，不断创新商业模式，以满足不同客源市场、不同细分市场的游客需求。不仅有继续致力于观光团、会奖团的大型旅行社，也有侧重于细分市场及满足游客精细化体验的中小旅行服务商。

入境旅游经过 40 年发展已经进入成熟期，初期经历了像当前出境旅游的那种高速增长后，目前已进入平稳增长期。近年来，伴随入境游客在华旅行经验的更加丰富，入境散客化趋势持续强化。2010 年以来，旅行社接待入境游客占入境旅游市场及其占入境过夜旅游市场的比重持续下降（如图 1-11），分别降至不足 15% 和 35%。尤其在 2015 年和 2016 年，入境旅游市场的规模已在恢复增长，但团队游客占比的下降趋势更加明显。

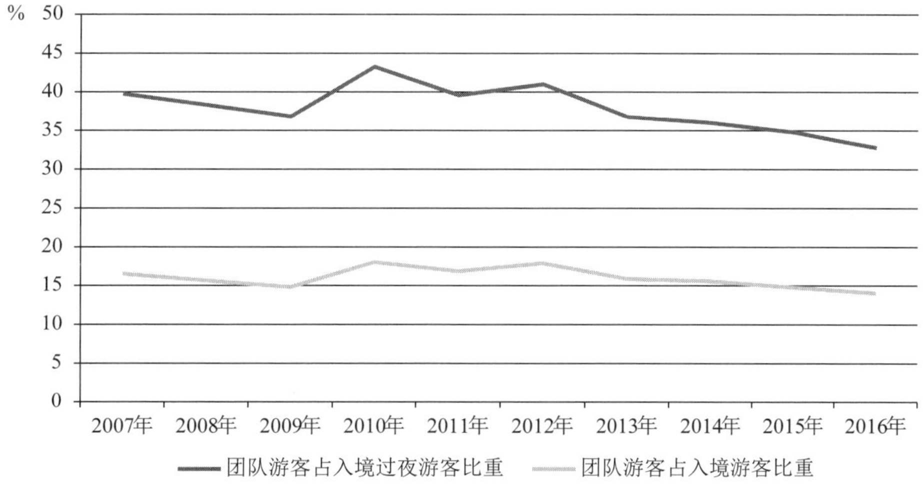

图 1-11　2007—2016 年团队游客占入境旅游市场及入境过夜旅游市场的比重

数据来源：中国旅游研究（文化和旅游部数据中心）

入境游客在注重自由的同时，也更愿意深入体验中国当地的生活方式和文化特色，这持续刺激着市场主体不断探索新的商业模式。为更好地服务于广大入境散客，一方面出现专门为其提供来华旅行信息的平台；另一方面，

出现专门针对在华外国散客提供碎片化、主题性旅行服务的供应商。

2015 年成立的“Hichina Travel”就是第一类平台的典型代表。它是一家面向外国游客的中国入境旅行信息平台，有英语和韩语两种语言版本，通过入境游客用户的原创生产内容和专业编辑的专业生产内容，为入境游客提供中国 200 余目的地的旅游指南、攻略、问答等资讯以及旅行规划方案。虽然面临全球最大的在线评论社区网站 Tripadvisor（猫途鹰）的直接竞争，“Hichina Travel”的优势在于其站在当地人的视角，分享更加本土化和中国化的信息，例如其在 Facebook（脸书）上分享了很多反映中国人生活的视频和信息，其中不乏各种好玩的段子，吸引了超过 280 万的粉丝关注，基于平台流量，平台还提供包价旅游产品。

深圳沃亚旅行的“Come to China”是第二类创新市场主体的典型代表，它将服务对象聚焦于已在华旅行的入境（商务）散客，为其提供定制化、碎片化的旅行服务，这种服务多包含半天或者一天的行程安排，不同于传统观光线路，以中国书法、绘画、武术、美食等传统文化体验为核心内容。在文化体验产品供给严重不足的当前，尤其受欧美游客的欢迎，有海外游客甚至提前三个月就预订了到当地居民家就餐的服务。也有不少旅行服务商在探索主题游，典型如北京的“Lost Plate”，上海的“UnTour Food tours”，它们专注于美食小团，带入境游客体验当地美食。此外，桂林海纳国际旅行社有限公司的“China Highlights”和西安马可波罗国际旅行社的“Travel China Guide”等较资深的入境旅行服务商也在其平台提供一日游或者半日游产品，以更好地满足入境散客在当地旅行的需求。

众多中小旅行服务商成为入境旅游市场主体的主力。我国入境旅游旅行服务商更多地由旅行大社转向中小旅行社，初步估计，超过 90% 的旅行社接待业务是由众多中小旅行社组织完成的，中小旅行社成为入境旅行服务商的主力。这符合全球旅行服务商的发展现实，立足于客源地的旅行服务商（出境旅行社）往往规模更大，而立足于目的地的旅行服务商（入境旅行社）规模更小。一方面，入境旅行社，尤其是地接社，因为面临业务本身具有的不确定性，产品构成不稳定，经营风险更大，为保证内部的技术效率和外部的身份识别度，企业规模往往更小；另一方面，在入境市场更加成熟的当前，相比大型旅行服务商，中小旅行服务商可以快速创新产品内容，调整服务模式，满足入境游客日益多变的、个性化的体验需求。北京国华假日旅行社和环球运通国旅便是中小入境旅行服务商典型代表，其员工数量在20~40人，每年接待入境游客1万多人次。

缩短获客渠道的中小地接社成赢家。在满足入境游客更加个性化，更注重当地体验需求的同时，地接社由于拥有关键的业务接待能力和团队，不少地接社早在20世纪90年代末就开始探索避开组团社，从B2B转向B2C，直接与终端消费者建立联系，以为其提供独特体验为服务宗旨。这种商业模式又不同于OTA，它们以优质的接待资源和团队为前提，通过自己的电子商务网站及第三方销售渠道（OTA、各类UGC平台等）来直接获客，在这一过程中，逐步打造自己的旅行服务品牌。这一品牌的建立需要长时间的口碑沉淀，且需要以优质服务和游客满意为基础，无法短时间一蹴而就，典型如上文提到的“China Highlights”和“Travel China Guide”，它们早在20世纪90年代末就建立了。值得注意的是，如果自身没有优质的接待资源和团队，直接建立入境旅游电子商务平台则往往很难成功，如中国入境旅游电商平台“Jetbay”仅成立一年就下线了。

提供定制和私家团的中小旅行服务商甚至个人广受入境游客欢迎。专注于提供定制或者私家团的服务商同样多为中小地接社，但它们往往拥有自己的电商平台和（或）境外社交媒体账号，它们在Tripadvisor上广受好评，典型如北京的“Catherine Lu Tours”，上海的“Culture shock tours”，西安的“Lily’s private tours”等。还有不少仅提供导游服务的个人也加入这一队伍，形成个人IP，如“Beijing Private Tours By Jessie”，西安的“Bryanbai private tour”等。这也间接反映出在入境旅游领域，导游自由执业得到较好践行。与国内游客相比，入境游客对当地向导的依赖度更高，优秀的入境导游可以更好地发挥自己的业务专长，实现自身价值。可以说，入境旅游是推广导游自由执业的示范领域。

第二章

全球目的地激烈竞争下中国入境旅游的重点客源市场选择

在全球入境旅游市场保持较高速增长的环境下，中国面临更加激烈的客源市场竞争，在资源和精力有限的约束下，应理性、科学地选择重点客源市场。

一、全球入境旅游市场保持较高速增长

过去十年里，全球入境游客接待规模保持较高速增长，年均增速达5.1%。虽然受2008年全球金融危机的影响，2008年的全球入境旅游人数增幅较往年大幅下降，2009年全球旅游业经历了60年以来最糟糕的一年，入境游客人数出现负增长，下降3.9%，但很快在2010年便实现强势复苏，同年增速达6.5%。2012年全球入境旅游接待规模突破10亿人次，2017年全球国际游客人数达13.2亿人次，同比增长6.8%，增速创2010年以来新高。2018年全球入境旅游总人次突破14亿，增长5.6%。至此，全球入境旅游已实现持续九年的不间断增长，这一持续增长的纪录创20世纪60年代以来新高。

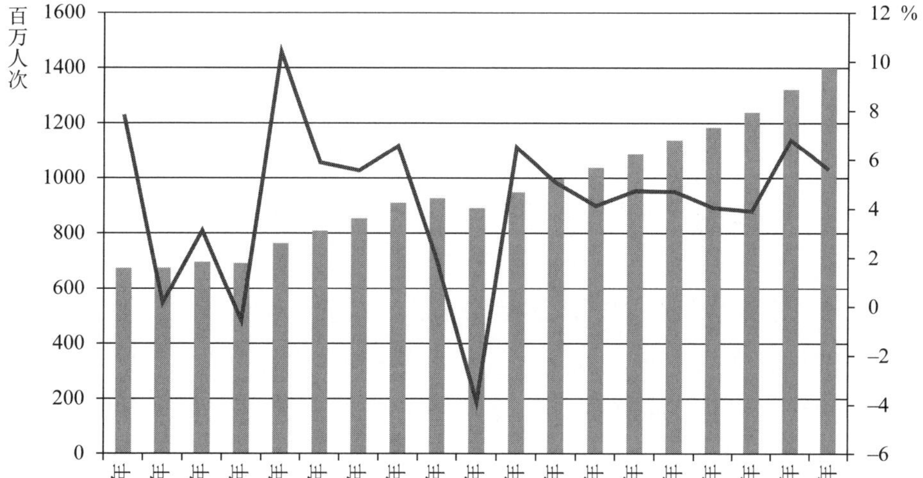

图 2–1　2000—2018 年全球入境旅游总人数和增速

资料来源：联合国世界旅游组织（UNWTO）

全球入境游客接待的洲际结构基本稳定，欧洲、亚太和美洲持续为全球入境旅游的主要目的地。其中，欧洲共接待入境游客 7.1 亿人次，占全球的比重高达 50.8%，亚太和美洲地区分别接待入境游客 3.4 亿人次和 2.2 亿人次，占全球的比重分别为 24.4% 和 15.5%。除了美洲地区入境游客接待量的增幅较低，仅为 2.9% 外，其他地区均以高于全球平均水平（5.6%）的速度增长。其中，入境接待规模总量最小的非洲和中东地区的增速最高，分别达 7.3% 和 10.3%。

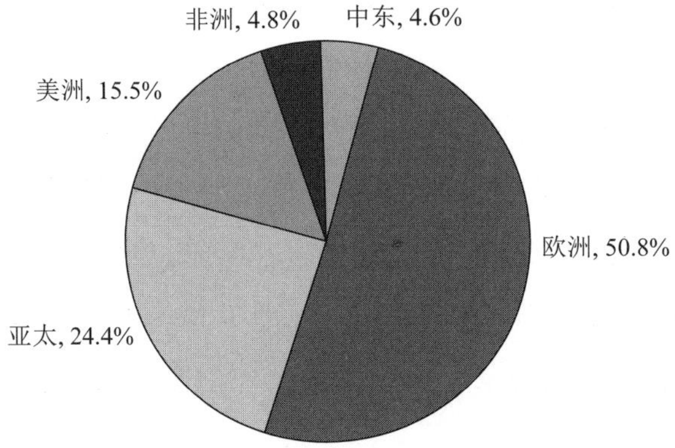

图 2-2　2018 年全球各区域接待的入境游客规模情况

资料来源：联合国世界旅游组织（UNWTO）

从全球入境游客接待的次区域结构来看，南欧 / 地中海、东北亚和北美地区分别是欧洲、亚太和美洲地区入境游客接待的主力区域。三个次区域分别占各自地区的 40%、49% 和 66%。在入境游客接待规模增速上，除了北非和中东地区的高速增长外，东南亚和南欧 / 地中海地区的入境游客接待规模也以较高速度增长（均高于 7%），但加勒比地区和中美地区的入境游客接待规模出现负增长。

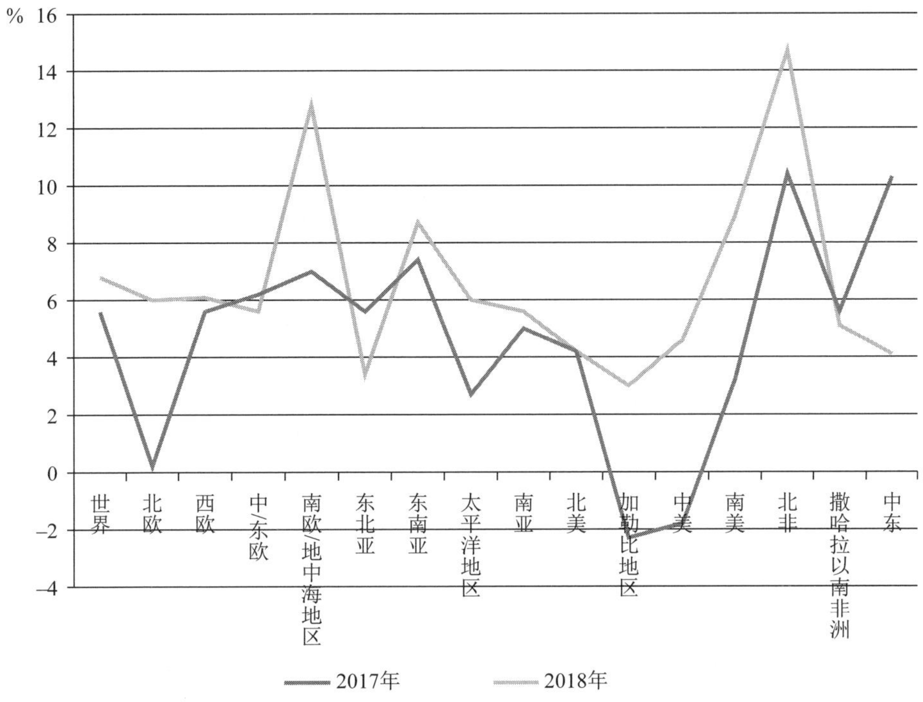

图 2–3　2017—2018 年全球各地区的入境旅游增长率对比

资料来源：联合国世界旅游组织（UNWTO）

新兴经济体入境旅游规模与发达经济体之间的差距略有减小。新兴经济体入境旅游人数的增幅自 2013 年后连续 4 年低于发达经济体，其入境旅游接待规模与发达经济体之间的差距有逐渐扩大之势，但在 2017 年与 2018 年出现反转，新兴经济体的入境旅游增速开始高于发达经济体。其中，2018 年新兴经济体入境旅游人数同比增长 7.2%，显著高于发达经济体的 4.3%，促使新兴经济体入境游客接待总量与发达经济体之间的差距进一步减小，从 2017 年的 1.27 亿减小至 1.19 亿。

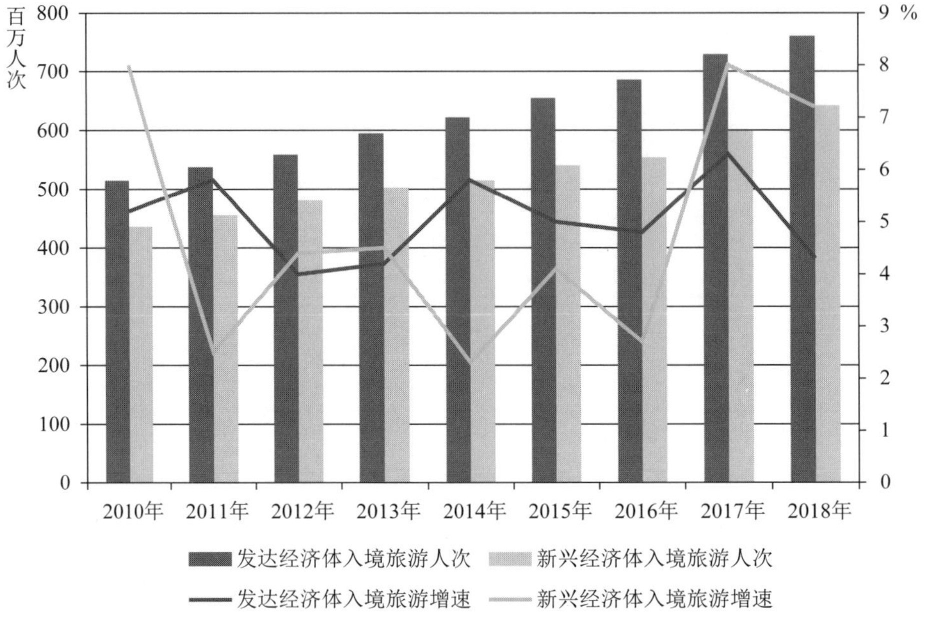

图 2-4 2010—2018 年发达经济体与新兴经济体的入境旅游人次及增速

资料来源：联合国世界旅游组织（UNWTO）

二、中国入境旅游面临激烈的客源市场竞争

虽然全球入境旅游发展态势持续向好，但也要看到，国际政治、经济形势并不太平，一定程度上将对中国潜在入境客源市场带来负面影响。当前国际政治经济形势存在不和谐、不稳定因素。经济上出现逆全球化，政治走向右倾。2016 年英国脱欧，逆全球化初现。2017 年美国总统特朗普上台后，实行贸易保护主义，推崇“美国优先”，逆全球化趋势进一步凸显，促使德国、法国、意大利等国不同程度地转向民粹，加之中东极端势力的干扰，各国政治右倾趋势更加明显，民族主义抬头。

周边旅游目的地国家对中国入境旅游构成较强竞争压力。距离相近、风土人情相似的周边国家作为一国入境旅游主要客源市场的同时，往往也是一国入境旅游最主要的竞争对手。2019 年上半年，中国旅游研究院与谷歌联合开展入境游客行为和态度调查，对来自 19 个国家的 7 万多个受访者进行线上问卷调查，在他们未来一年计划去的旅游目的地中，中国与澳大利亚和加拿大并列位居第五，排在前四位的客源国家中，中国周边的日本占据首位，韩国、新加坡和泰国并列位居第四。这个调查一定程度上表明，这些国家对全球主要客源市场的吸引力高于中国，相对中国它们具有更强的客源争夺能力。根据各国旅游部门最新的统计数据，2018 年，日本接待入境游客 3119 万，同比增长达 8.7%；泰国接待入境游客 3828 万人次，同比增长达 8.3%；韩国接待入境游客 1535 万人次，同比增长高达 15.1%；新加坡接待入境游客 1850 万人次，同比增长 6.2%。日本和泰国的入境游客接待量均超过了中国，且这些竞争对手的入境游客增速均高于全球入境旅游的平均增速（5.6%），远高于中国入境旅游的增速。当然，得益于近几年中国出境旅游的高速发展，这些国家接待的入境游客中不乏大量的中国游客，但即使在扣除中国游客后，日本和泰国的入境游客接待量依然分别接近 2300 万人次和 2800 万人次，与中国的 3054 万人次的外国人入境游客接待规模相差不大。以上数据足以说明，中国面临着来自周边国家强有力的入境客源市场竞争。

表 2–1　最受欢迎的国际旅游目的地

排名	最受欢迎的国际旅游目的地
No.1	日本
No.2	美国
No.3	法国、西班牙、英国
No.4	德国、韩国、新加坡、泰国
No.5	澳大利亚、加拿大、中国（不含港、澳、台地区）

数据来源：中国旅游研究院与谷歌联合开展的入境游客行为与态度调查（2019 年）

三、中国入境旅游重点客源市场的选择：传统与新兴兼顾

（一）外国客源市场是选择中国入境旅游重点客源市场的主要区域

1. 外国人入境旅游市场更具增长潜力和活力

虽然港澳台地区是我国入境旅游的基础市场，其占入境旅游市场的比重接近 80%。但从趋势上来看，外国人入境旅游市场占入境旅游市场整体的比重呈持续上升的趋势。在港澳台地区潜在赴华旅游市场规模既定的情况下，港澳台市场的增长潜力有限，而外国人入境旅游市场的增长潜力则更高，其近 5 年来的年均增速为 3.7%，高于同期入境旅游市场整体（2.4%）的年均增速。

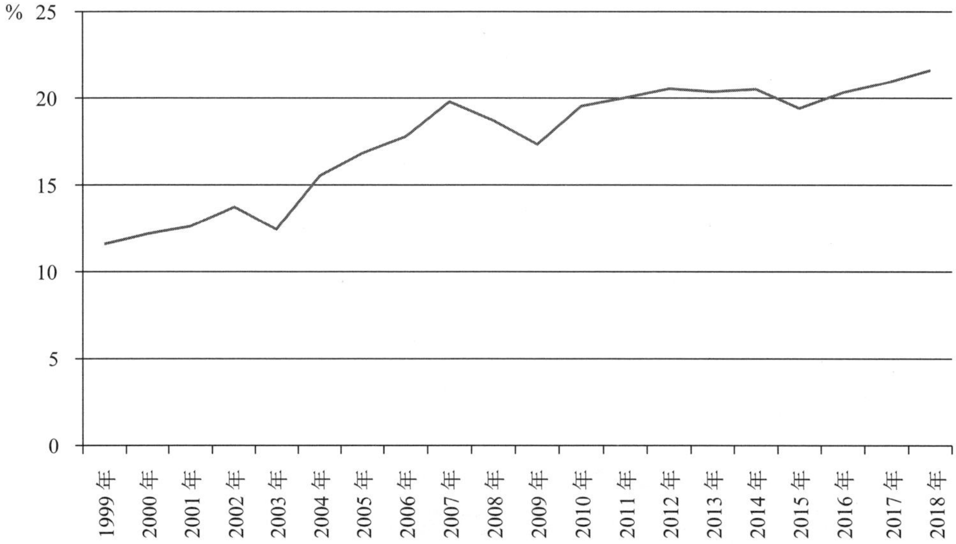

图 2-5　1999—2018 年外国人入境旅游市场占比情况

数据来源：中国旅游研究院（文化和旅游部数据中心）

2. 来自外国客源市场的游客到访及其消费是缓冲我国旅游服务贸易逆差的根本途径

在我国坚持走开放路线，保障国民出游权利的政策背景下，考虑到我国出境旅游所发挥的民间外交功能，采取限制出境旅游及其花费的措施缺乏现实可操作性。要想解决当前的旅游服务贸易逆差问题，需要更多地依靠入境游客消费的扩大。而在入境旅游消费中，外国游客的消费是主力。虽然外国人入境旅游市场占比较低，2018 年，这一比重只有 21.6%，但其对入境旅游收入的贡献达 57.5%，且这一贡献连续三年来保持上升趋势，比 2016 年高出近 2 个百分点。扩大入境游客消费的根本在于增加外国游客消费，扩大外国入境游客消费是缓冲我国旅游服务贸易逆差的根本路径。

3. 促进外国人入境旅游也是提升我国旅游国际影响力的必然要求

由于历史及政治原因，中国香港与中国澳门居民来内地旅游需要持有“港澳居民来往内地通行证”，中国台湾居民赴大陆旅游同样需要持有“台湾居民来往大陆通行证”。港澳地区居民来内地及台湾地区居民来大陆旅游被作为我国入境旅游的构成部分。但从国际可比较的统计口径来看，扣除无须签证或签注的港澳台入境游客后的外国人入境旅游才能与其他国家的入境旅游进行一般意义上的比较，外国人入境旅游市场规模的大小直接反映了我国在国际旅游市场上的地位和我国吸引国际游客的能力。

（二）综合多指标识别中国入境旅游的重点客源市场

在将中国入境旅游重点客源市场选择范围缩小至外国客源市场后，还要综合全球入境旅游主要客源国、中国入境旅游主要客源国及其历年赴华旅游动态以及某客源国赴华占其总出境市场比重等指标来进一步筛选，最终确定三到五年里中国入境旅游需要重点关注的客源市场。

中国距离全球主要客源市场较远，日韩区位优势明显。世界银行数据库的统计数据显示，2017 年，中国是最大的国际旅游客源市场，德国、美国、英国、波兰、俄罗斯、加拿大、意大利、法国、韩国和日本等国依次排在其后，是全球最主要的入境旅游客源市场。它们与中国的主要客源市场重合率不高。其中，只有美国、俄罗斯、韩国和日本四个国家位列我国前十大客源市场，且除韩国和日本外，这些客源市场大都为距离中国较远的欧美国家。

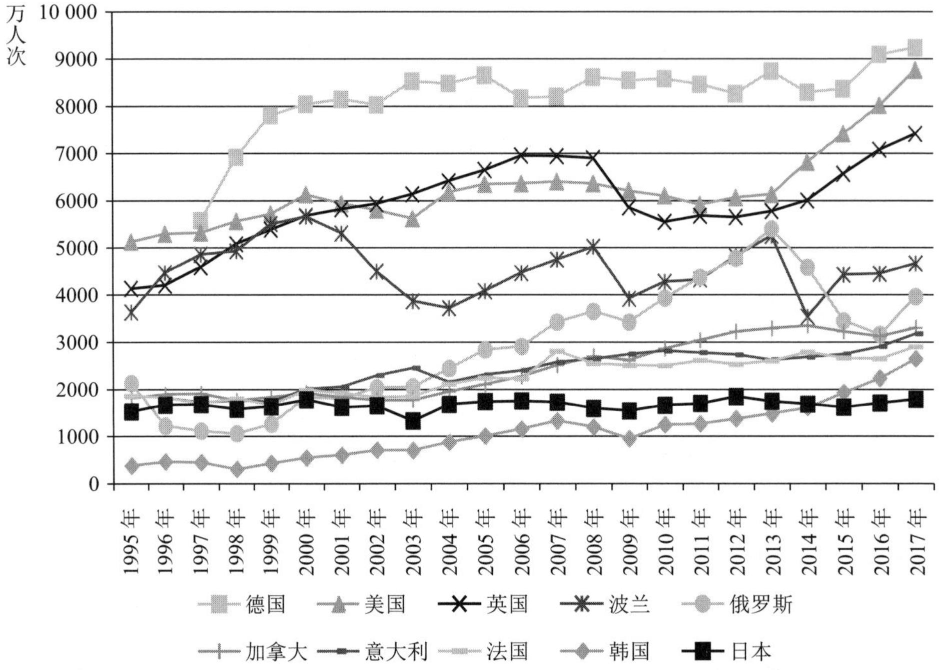

图 2-6　1995—2017 年全球除中国外的主要客源国客源输出情况

数据来源：世界银行数据库

中国的外国人入境旅游市场符合帕累托法则（二八定律），即少数客源市场贡献了绝大部分客源量。根据历年统计数据，不考虑港澳台地区，我国前 20 大客源市场对外国人入境过夜旅游市场整体的贡献超过 80%，近几年维持在 85% 左右。前 10 大客源市场占外国人入境过夜旅游市场整体的比重超过 65%，近几年稳定在 66% 左右。由此，应从这些主要客源市场中选择中国入境旅游的重点客源市场。

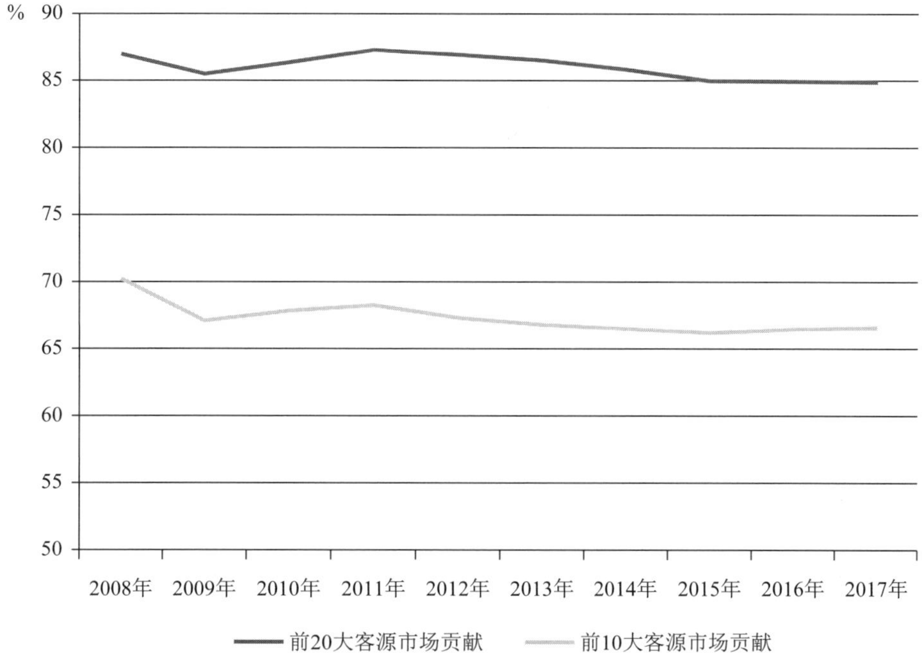

图 2-7　2008—2017 年主要客源市场对外国人过夜旅游市场整体的贡献

数据来源：欧睿数据库

在考虑全球主要入境客源市场和中国主要入境客源市场的基础上，中国入境旅游重点客源市场的选择需要进一步基于主要客源市场赴华旅游的历史数据以及其来华旅游占其出境市场的比重数据，筛选出“问题客源市场”和“潜力客源市场”，前者为近期来华旅游增长有限，来华旅游人数低于历史峰值的客源市场，典型代表为日本和俄罗斯；后者为来华游客规模占其出境市场比重相对偏低，但其出境旅游、来华旅游增长潜力较高的客源市场，典型代表为印度和德国。

（三）问题客源市场之日本和俄罗斯

我国主要客源市场来华的历年数据显示，日本和俄罗斯与其他主要客源国的整体增长趋势不同，这两个国家的赴华旅游在 2008—2009 年金融危机之后出现短暂复苏，随后分别于 2011 年和 2012 年到 2015 年间出现明显的下滑，虽然在 2016 年以来开始恢复缓慢增长，但始终没能超过历史峰值。2018

年，日本赴华旅游 269 万人次，远低于 2007 年的近 400 万人次；2018 年，俄罗斯赴华旅游 241 万人次，低于 2008 年的 310 多万人次。

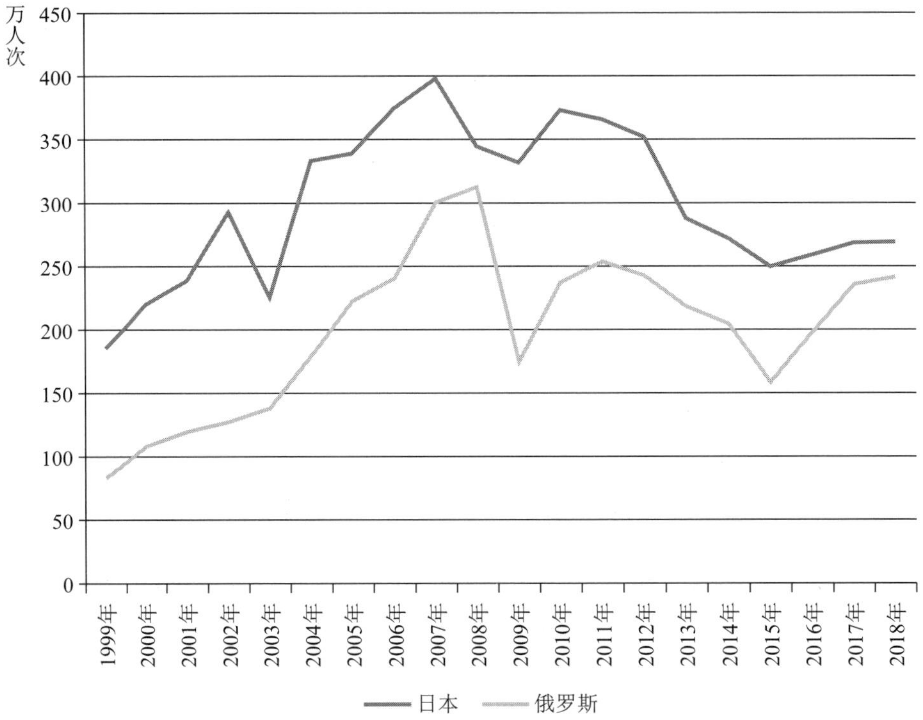

图 2-8　1999—2018 年日本和俄罗斯赴华旅游人次

数据来源：中国旅游研究院（文化和旅游部数据中心）

虽然日本在金融危机后的经济增长缓慢可以部分解释赴华旅游人数的下降，但日本的出境旅游统计数据显示，2018 年日本出境旅游市场总量为 1895 万人次，超过 2012 年的峰值，为 2000 年以来最高，且保持较快增长，同比增长 6%。但中国并未相应地从这种增长中直接获益，意味着日本出境游客更多地选择赴他国旅游。应将日本作为中国入境旅游的重点客源市场，基于更加详尽的市场研究，制订相应的营销推广及产品服务提升等一揽子工作方案，吸引更多日本不同年龄及收入群体的到访。

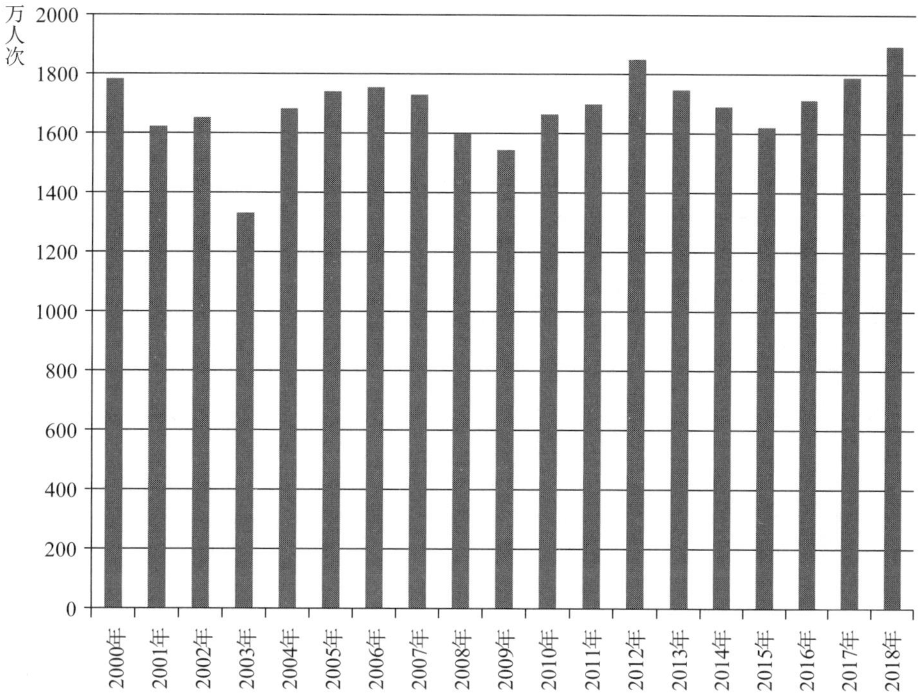

图 2–9　2000—2018 年日本出境旅游市场规模状况

数据来源：日本旅游推广公司（Japan Tourism Marketing Co.）

2018 年，俄罗斯出境游市场稳定上升，达到 4196 万人次，同比增长 6%。俄罗斯已经从由 2014 年金融危机引起的出境旅游大幅下滑态势中走向复苏。与此同时，俄罗斯赴华旅游人数出现相应的快速增长，尤其在 2016 年和 2017 年出现超过 20% 的高速增长。如果这种增长继续保持，预计俄罗斯赴华旅游人数将很快突破 300 万人次，但 2018 年这一增速放缓至 2.5%，低于同年俄罗斯出境旅游 6% 的增长。应将俄罗斯作为中国入境旅游的重点客源市场之一，基于深入的市场调查，分析这一增速放缓的原因，除了关注赴中国海南海的度假旅游市场外，也要研究非度假旅游市场，制订相应产品配套和营销方案，提升中国对俄罗斯度假游客吸引力的同时，吸引更多的俄罗斯非度假游客到访。

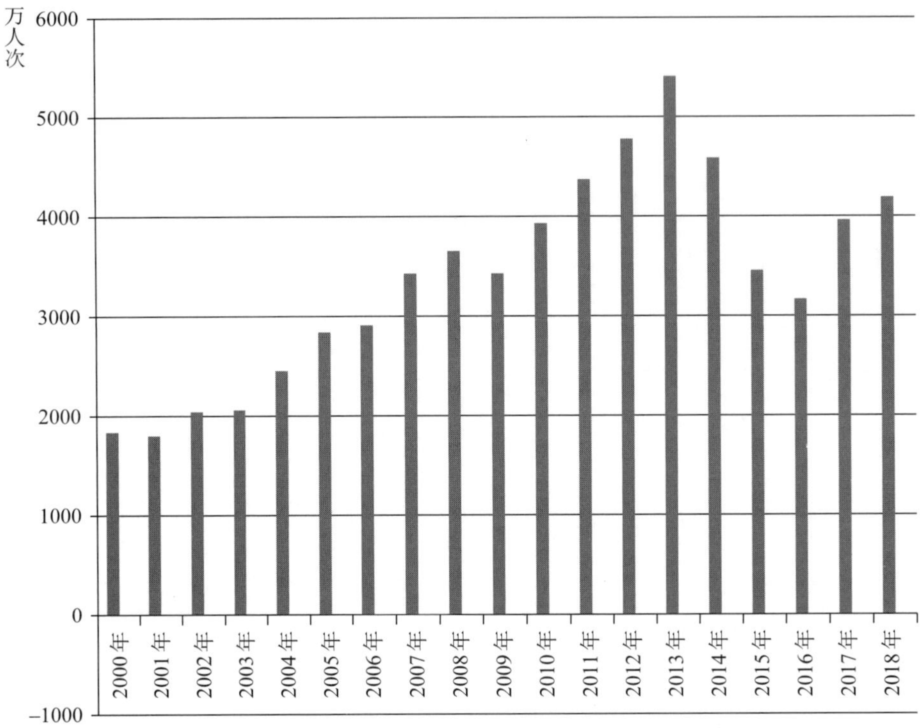

图 2-10 2000—2018 年俄罗斯出境旅游市场规模情况

数据来源：俄罗斯联邦统计局

（四）潜力客源市场之印度和德国

将印度作为中国入境旅游重点客源市场的主要原因在于：（1）过去 20 年里印度赴华旅游相较于其他主要客源地赴华旅游表现抢眼，增长速度最快；（2）印度出境旅游市场增长迅猛，印度近几年来较高的经济增长速度，再加上印度较大的人口基数，未来其出境旅游增长潜力非常可观；（3）相对于其他亚洲国家，印度赴华旅游人数占其出境市场的比重较低，具有较高的提升空间。

过去 20 年里，印度赴华旅游持续保持高速增长。从 1999 年 8.4 万人次增长到 2018 年的 86.4 万人次，年均增长率高达 13%，为主要客源市场赴华旅游增速之最，同时远高于外国人入境旅游市场整体 7% 的年均增速。

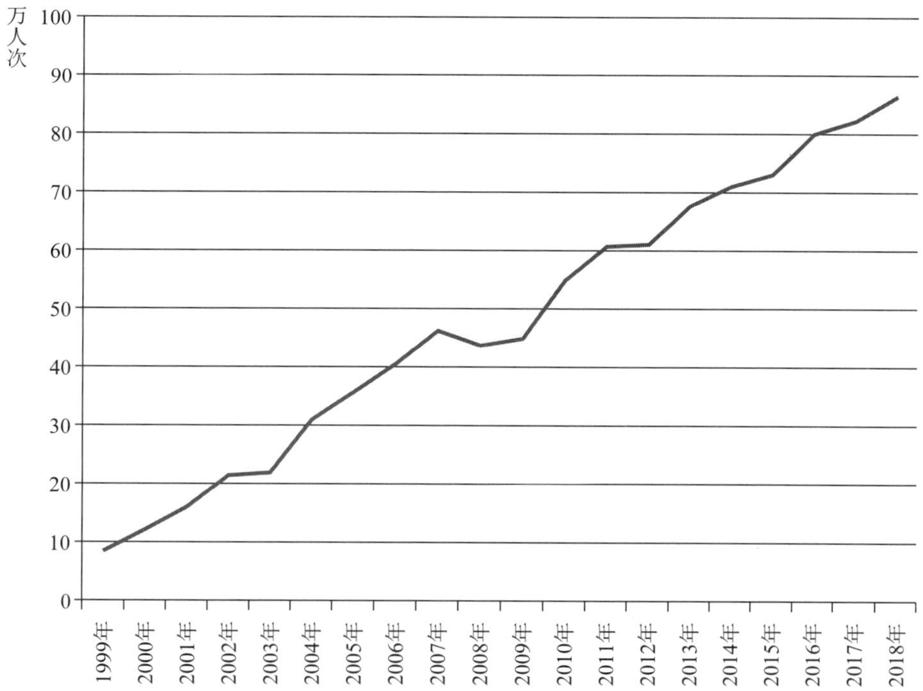

图 2-11　1999—2018 年印度赴华旅游人次

数据来源：中国旅游研究院（文化和旅游部数据中心）

印度出境旅游市场保持高速增长。这也是印度赴华旅游的持续快速增长的核心原因。在经济增长、庞大且日益富裕的中产阶级以及持续的航空运输自由化等因素的推动下，印度已成为世界上出境游发展最快的国家之一，仅次于中国。自 2000 年以来，印度出境旅游市场保持快高增长态势，年均增速超过 10%。印度旅游部门的统计数据显示，2018 年，印度居民出境旅游 2585 万人次，增长约 8%。预计 2019 年将达到 2792 万人次。中国作为印度居民主要的出境旅游目的地之一，可从印度出境市场这个不断变大的“蛋糕”中获得新的增量。

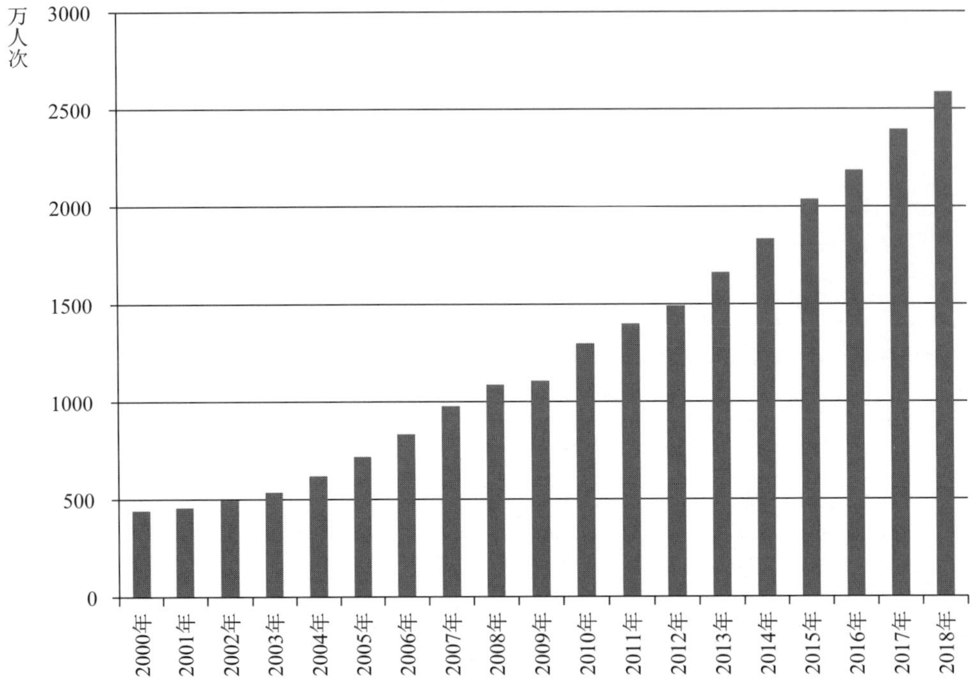

图 2–12　2000—2018 年印度出境旅游市场规模

资料来源：印度统计和计划执行部（Ministry of Statistics and Program Implementation）

印度赴华游客占其出境市场整体的比重较低。如表 2–2 显示，这一比重只有 3%，远低于我国其他亚洲客源市场的 8%，还有较大的提升空间。

表 2–2　赴华游客占客源国出境总市场的比重

	2017 年			2018 年		
国家	总出境人数（万人次）	赴华旅游人数（万人次）	占比（%）	总出境人数（万人次）	赴华旅游人数（万人次）	占比（%）
韩国	2631.0	385.5	14.7%	2870.0	419.2	14.6%
日本	1738.0	268.0	15.4%	1849.0	269.0	14.5%
美国	8742.0	234.5	2.7%	9300.0	248.4	2.7%
俄罗斯	3944.0	230.9	5.9%	4196.0	241.4	5.8%
越南	1292.2	197.4	15.3%	1550.0	222.4*	14.3%*

续表

国家	2017 年			2018 年		
	总出境人数（万人次）	赴华旅游人数（万人次）	占比（%）	总出境人数（万人次）	赴华旅游人数（万人次）	占比（%）
蒙古	244.0	84.8	34.7%	246.0	86.5*	35.2%*
新加坡	988.9	94.0	9.5%	1038.0	97.8	9.4%
印度	2394.0	81.9	3.4%	2620.6*	86.3	3.3%*
加拿大	3306.0	80.5	2.4%	3800.0	85.0	2.2%
泰国	896.0	77.6	8.7%	978.6*	83.3	8.5%*
澳大利亚	900.0	73.4	8.2%	952.1	75.2	7.9%
德国	9240.2	63.5	0.7%	9386.1*	64.3	0.7%*
英国	7418.9	59.2	0.8%	7772.4*	60.8	0.8%*
法国	2905.5	49.5	1.7%	3187.7*	50.0	1.6%*
意大利	3180.5	28.1	0.9%	3480.1*	27.8	0.8%*

数据来源：中国旅游研究院（文化和旅游部数据中心）、世界银行数据库、各国旅游统计部门及欧睿数据库

注：* 为估计数据，由于越南和蒙古赴华旅游统计包含边境人数，此处使用的数据为这两国赴华过夜旅游人次数

将德国作为中国入境旅游重点客源市场的原因主要在于：（1）德国是全球第二大国际旅游客源市场，德国出境旅游市场非常成熟，市场规模非常稳定；（2）近几年，德国赴华旅游人数增长缓慢，略带有“问题客源市场”性质；（3）德国赴华旅游人次数占其出境旅游市场总规模的比重相对较低。

德国来华旅游人数有待提升。最新统计显示，2018 年德国赴华旅游 64.3 万人次，同比增长 1.2%，在 2015 年出现下滑后，虽然之后保持小幅增长，但仍没有恢复到 2014 年的最高水平。

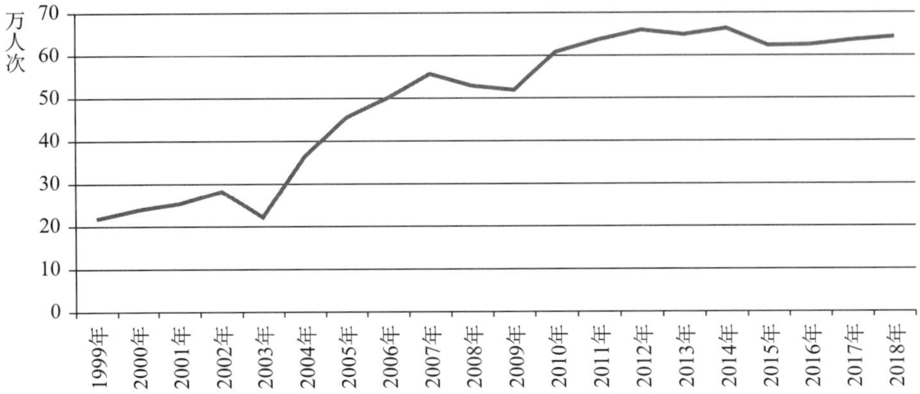

图 2-13　2000—2018 年德国赴华旅游人次

资料来源：中国旅游研究院（文化和旅游部数据中心）

德国是全球主要的国际旅游客源市场。世界银行数据公布的统计数据显示，2017 年德国的出境旅游总人数为 9240 万人次，相比 2016 年增长 1.6%，是仅次于中国的全球第二大国际旅游客源市场。预计 2018 年德国出境旅游人数超过 9300 万人次。虽然德国出境旅游增速有限，但过去 20 年里出境旅游人数持续保持在 8000 万人次以上，是非常成熟稳定的国际客源市场。

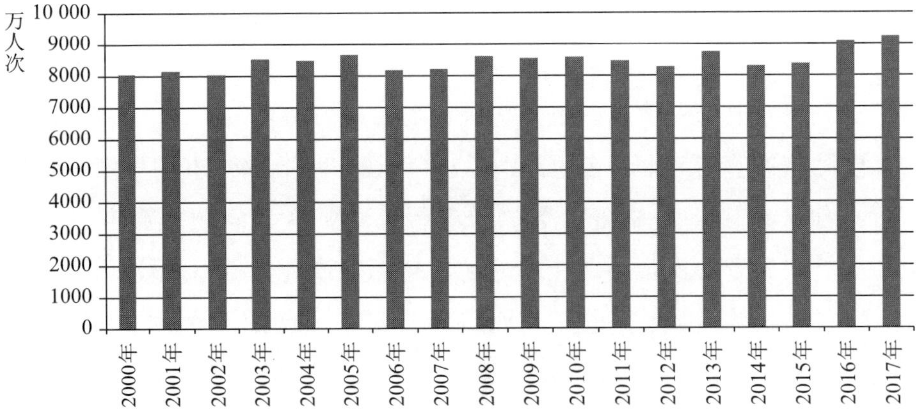

图 2-14　2000—2017 年德国出境旅游市场规模

数据来源：世界银行

德国赴华旅游人数占其出境旅游市场的比重非常低。如表 2-2 所示，这一比重不足 1%，低于其他欧洲国家，尤其低于法国（1.7%），这同时意味着德国赴华旅游还存在较高的提升空间。如果德国赴华旅游人数占其出境旅游市场的比重达到法国赴华旅游的水平，德国每年赴华旅游人数可超过 120 万人次，是目前赴华旅游规模的两倍。

另外，抛开当前的中美贸易摩擦问题，美国也可作为近期中国入境旅游市场的另一重点客源市场。美国赴华旅游增长势头良好且其出境旅游市场近年来也保持较高速增长。美国是中国第一大远程入境客源国，2018 年美国赴华旅游接近 250 万人次，占其总出境市场的比重为 2.7%，这一比例为远程客源市场之最。受经济好转、有利的汇率以及消费者信心指数提高的推动，美国出境旅游 2014 年以来保持较快增长，根据美国商务部的国家旅游办公室（National Travel and Tourism Office，NTTO）的数据，2018 年美国公民出境旅游达到 9300 万人次，同比增长 6%，近五年的年均增速达 8%，虽然 2018 年美国赴华旅游同比出现 7.4% 的高速增长，但过去五年美国赴华旅游的年均增速只有 4.4%，与美国出境旅游整体的增速相比，还有可提升空间。促进中美旅游交流符合两国人民友好交往的根本利益，美国游客除了体验中

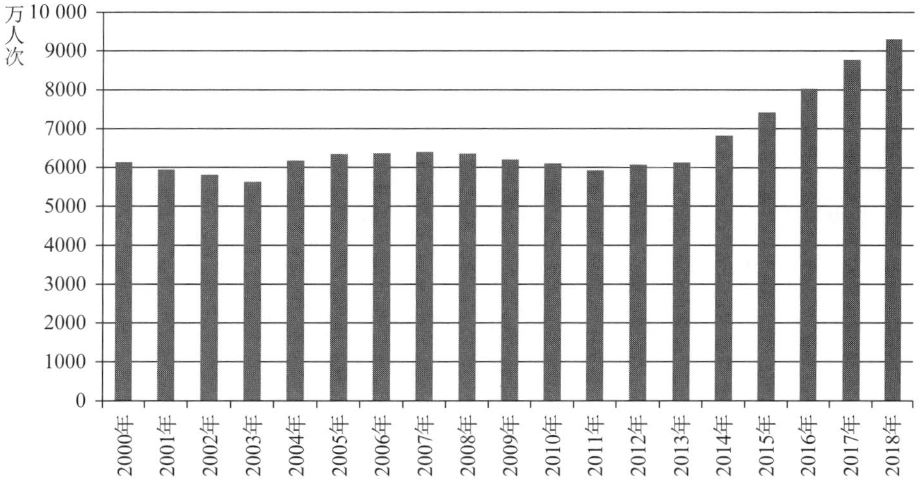

图 2-15　2000—2018 年美国出境旅游市场规模情况

数据来源：美国旅行和旅游办公室

国悠久古老的历史文化和欣赏秀美壮阔的山水风光外，还被中国民众的新生活所吸引。未来在中美贸易摩擦背景下，建议依然要营造有利于美国游客到访的便利和安全的目的地形象认知。

总之，在密切关注我国前 20 位主要客源市场的同时，在近期要选择重中之重，针对“问题客源市场”和“潜力客源市场”进行深入的前期市场研究，向潜在入境游客提供并宣传推广符合其需求的旅游产品和服务。

第三章

入境旅游发展环境持续优化

中央和地方政府持续在签证、购物退税、证件便利化应用等方面发力，为入境旅游发展营造更好的政策环境。文旅融合发展将为入境旅游产品开发、目的地营销及复合型人才培养等工作注入新动力。城市作为入境旅游市场的关键支撑，正在积极参与并创新海外营销推广的活动内容和方式。

一、中国发展入境旅游的决心从未动摇

2018 年，中国旅游服务贸易出现逆差，不仅出境旅游支出超过入境旅游收入，出境旅游人次也超过入境旅游人次，从国家到地方更加意识到提振入境旅游的重要性。除了经济层面的考虑，入境旅游作为向世界人民展现中国文明文化，分享经济发展成果的重要媒介，也更加受到重视。提振入境旅游也是我国实现从旅游大国到旅游强国目标的重要内容。

各级政府发展入境旅游的决心从未动摇。国家到地方陆续出台提振入境旅游发展的相关政策。在宏观指导政策方面，自 2009 年《国务院关于加快发展旅游业的意见》出台以来，我国将入境旅游的发展方针指定为“积极发展”。近年来，国务院针对旅游发展的相关文件均对促进入境旅游发展有明确的指示。2018 年国务院办公厅印发《关于促进全域旅游发展的指导意见》，提出要“制定客源市场开发规划和工作计划，切实做好入境旅游营销”。2019 年 8 月，国务院办公厅出台《关于进一步激发文化和旅游消费潜力的意见》，明确提出要完善入境旅游环境，统一入境旅游宣介平台，提供多语种服务，完善入境游客移动支付解决方案等内容。国家层面对入境旅游发展的促进政策更加系统，更关注微观层面入境游客需求的满足，不仅涉及目的地营销，也包括入境游客在华旅游便利度的提升。在促进入境旅游发展的过程中，国家及地方政府在签证放宽、购物退税政策实施、出入境证件便利化应用、入境旅游服务商奖励等政策方面不断探索创新，出台相应政策。

（一）来华签证政策不断放宽

入境免签及过境免签政策不断放宽。目前，中国已经对 17 个国家持普通护照的公民实施免签入境。继 2017 年陆续对塞尔维亚和巴巴多斯两国公民实

施入境免签后，2018 年中国对阿联酋、波黑、白俄罗斯和卡塔尔 4 国持普通护照的公民实施入境免签，中国与亚美尼亚于 2019 年 5 月 26 日签署了互免持普通护照人员签证的协定。除巴巴多斯外，其余几个国家均为“一带一路”沿线国家，这为开拓“一带一路”沿线的新兴客源市场在政策上提供了可进入性的保障。

海南省入境旅游免签政策进一步放宽。海南从 2000 年就开始实施 21 国人员团队入境旅游 15 天免签政策，并于 2010 年将适用国家进一步增加至 26 个。2018 年海南省自由贸易试验区建设后，于 2019 年 5 月 1 日起进一步放开免签政策，将免签政策适用国家增加至 59 国，停留时间延长至 30 天，团队签证放宽为个人签证。

对邮轮团体游客实行免签政策。上海自 2016 年 10 月 1 日起就开始实施外国旅游团乘坐邮轮入境 15 天免签政策。入境游客可在沿海省份和北京市通过我国境内合法注册的旅行社组织、接待进行游览。这一外国旅游团乘邮轮入境 15 天免签政策未来同样将在广东自由贸易试验区、厦门自由贸易试验区及天津自由贸易试验区部分邮轮码头进行（试点）实施。

过境免签政策在停留时间和区域上有所放宽。过境免签的停留时间从最初的 24 小时延长至 72 小时再到现在的 144 小时。与此同时，伴随停留时间的延长，持过境免签的外国游客的活动区域从口岸城市扩展至区域内其他口岸城市，其口岸类型也从仅有的航空口岸扩展为航空、铁路和邮轮港口。如符合条件的外国游客可从江浙沪地区的浦东国际机场、虹桥国际机场、上海火车站及上海港国际客运中心、吴淞口国际邮轮港或南京禄口国际机场、杭州萧山国际机场任一口岸入境或出境，并可在上海市、江苏省和浙江省行政区域内免签停留 144 小时。具体而言，自 2013 年起，北京、上海等城市陆续对 53 个国家的入境游客在指定口岸前往第三国时实施免签证停留 72 小时。2016 年 1 月起，部分口岸将过境免签停留期限增至 144 小时，适用区域也相应扩大。目前，江浙沪、京津冀和辽宁省三个区域 / 地区已实行 144 小时过境免签。到 2019 年 12 月，将有 23 个城市 30 个口岸对 53 个国家人员实施 144 小时或者 72 小时过境免签政策。其中，除长沙、桂林、哈尔滨机场口岸实施 72 小时过境免签政策外，其余 27 个口岸均实施 144 小时过境免签政策。

（二）继续落实购物退税政策

我国境外游客购物离境退税政策已初步搭建完毕。中国早在 2011 年在海南开始试点离境退税政策。国务院于 2014 年发布《关于促进旅游业改革发展的若干意见》，提出完善境外旅客购物离境退税政策。为落实这一意见，2015 年 1 月财政部发布《关于实施境外旅客购物离境退税政策的公告》，明确离境退税的对象、条件、退税率、退税流程及工作机制等内容。随后，海关总署发布《关于境外旅客购物离境退税业务海关监管规定的公告》，规范了离境退税业务的海关监管工作，税务总局制定《境外旅客购物离境退税管理办法（试行）》，进一步明确退税物品、退税商店、申请单管理、退税代理机构、退税办理流程等内容。境外旅客申请退税，应当同时符合以下条件：在中国连续停留不超过 183 天（以护照上进入中国的日期为准）；退税物品购买日期距离离境日不超过 90 天；同一境外旅客同一日在同一退税商店内购买退税商品的金额需达到 500 元人民币。境外游客购物离境退税有两种税率：适用于 13% 增值税税率的商品，退税率为发票销售金额的 11%；适用于 9% 增值税税率的商品，退税率为发票销售金额的 8%。实际退税额中将扣除退税代理机构的手续费，其费率在各城市有所不同。如在上海市申领退税，费率是发票销售金额的 2%。

各地方政府积极实施境外游客购物离境退税政策，并探索退税便利化措施。除了海南省试点外，2015 年 7 月北京和上海率先正式实施境外游客购物离境退税政策，2016 年以后，离境退税政策逐步向其他省份扩展。截至 2018 年底，已有甘肃、湖南、海南、北京、上海、江苏、山东、广东、陕西、云南、黑龙江、新疆、广西、江西、河北、重庆、宁夏、河南、天津、辽宁、安徽、福建、四川等 23 个省（市、自治区）实施境外游客购物离境退税政策，覆盖我国绝大多数省市。为方便境外游客离境退税，主要入境口岸城市不断扩大可以退税的商店数量，简化离境退税手续。北京在 2015 年实施购物退税政策时，只有 86 家退税商店，到 2019 年 10 月已经增加至 480 多家。2019 年初，上海率先推出离境退税“即买即退”试点，目前北京也已实行这一措施，境外游客在试点商场购物后可直接在柜台领取退税现金。为进一步方便境外游客购物离境退税，北京推出离境退税的电子退付，购物退税额可通过微信和支付宝实时到账。为方便境外旅客了解离境退税业务流程，查询退税指引，北京市在微信退税“We TaxFree Pass”小程序中增加了多语种退税商店清单、导航、消费指引介绍等内容。

（三）积极探索出入境证件使用便利化方案

2019 年 5 月国家移民管理局联合 15 部委印发《关于推动出入境证件便利化应用的工作方案》，提出对港澳同胞和华侨提供互联网出入境证件身份认证服务，力争在 2019 年底实现港澳同胞和华侨的入境证件在交通运输、金融、通信、医疗、住宿等公共服务领域的便利应用。届时，港澳同胞和华侨可分别凭借港澳通行证和华侨护照作为身份证件，像本地居民使用身份证一样，可直接线上进行机票、火车票预订和手机电话卡购买等，线下快速办理银行开户、住宿登记等业务。虽然，互联网出入境证件身份认证和身份证件在公共领域服务的便利化应用仅限于港澳同胞和华侨，但这种便利化政策也意味着后续有望针对外国游客实施，这一实践经验无疑将为未来中国在实行入境签证电子化及外国人证件在华便利化使用等方面提供宝贵的借鉴和指导意见。

（四）地方政府实施各类奖励政策

各地方政府为鼓励旅行社积极从事入境旅游接待，纷纷出台相关奖励政策，对入境业务表现突出的旅行社实行相应奖励。北京市早在 2012 年就颁布了《北京市旅行社入境旅游奖励资金管理办法（试行）》，并在 2017 年再次修订为《北京市入境旅游奖励资金管理办法》，针对不同类型的旅行社实行入境游客人天数总量和增量两个方面的奖励。根据实际情况，新的管理办法对奖励政策进行了调整。在增加旅行社入境外联人天奖的获奖旅行社数量和金额的同时，旅行社入境接待人天奖和旅行社入境外联人天增幅奖的获奖旅行社数量和金额均有所减少，但增加了旅行社入境接待人天增幅奖以及入境旅游企业特别奖，后者对年度内为北京入境旅游做出突出贡献的企业进行奖励，包括在实施北京旅游过境免签政策、组织入境游自由行、入境游学、与境外旅游机构合作促进北京入境游等方面做出突出成绩的相关企业。深圳市以及海南省，针对不同客源市场，采取不同的奖励措施。其中，深圳市设置入境游新市场开拓奖，对当年度在外国新兴客源地市场上表现优异的前三名旅行社进行奖励；海南省则对接待不同客源市场且达到既定要求的旅行社实行不同标准的一次性奖励。

除了对旅行社的奖励，部分省市还对开展境内外旅游目的地营销推广活动的企业提供奖励，提高企业开展海外旅游目的地营销的积极性。如海南省对赴重点客源国组织参展促销活动的旅游企业和旅游行业协会按规定进行差旅费补贴；对单独在境外客源市场举办海南旅游促销活动，且宣传内容符合规定的旅游企业和旅游行业协会给予一定金额的补助；对参加境外市场旅游展洽活动，且活动内容符合标准的企业或行业协会给予展台费补贴；对邀请或组织来自要重点开发的入境客源市场的旅行商、境外媒体记者及境外知名人士来海南考察，且线路符合规定的旅游企业或行业协会给予地接费用补贴。此外，海南省还率先对接待入境游客的酒店实行奖励，对海南省不同市县年度入境游客接待人数达到一定规模的酒店给予奖励。

二、文旅融合正在凝聚入境旅游市场的新动力

2018 年，国家文化和旅游部正式组建完成，随后省市县各级文化和旅游行政部门机构改革任务也已基本完成。中央和地方各级政府根据“宜融则融、能融尽融”的总思路，秉持“以文促旅、以旅彰文”的理念，积极探索文旅融合发展的新道路。文旅融合发展在促进文化和旅游产业高质量发展，满足广大人民群众美好生活需要的同时，也正为入境旅游发展凝聚新动力。文旅融合发展将直接丰富旅游供给，提升旅游服务和产品的品质，增加其文化特色和异域风情，更好地满足赴华入境游客，尤其是外国游客了解中国文化的需求。在海外旅游目的地营销方面可以整合海外文化和旅游机构的力量，丰富并创新海外旅游目的地营销推广活动内容，提升营销绩效。最后，在文旅融合发展中可吸引和培养一批优秀的综合人才进入入境旅游市场，为入境旅游的持续、健康发展提供人才储备。

（一）提升旅游产品和体验的国际吸引力

根据中国旅游研究院对入境游客消费行为的调查，超过 15% 的入境游客、超过 20% 的外国游客来华的主要目的是了解中国特色文化，文化在入境旅游中扮演着尤其重要的角色，国际经验同样表明如此。许多富有当地文化特色的节事成为目的地的重要标签，吸引大量国际游客到访。如日本的“樱花季”已作为国家旅游的超级 IP，成为国际游客全情投入的集体狂欢；澳大利亚由 2000 多名艺术家联袂奉献数百场精彩演出的伍德福德民俗节，每年吸引以十万计的国际游客数；法国的戛纳电影节造就了小城戛纳繁荣的旅游业；英国爱丁堡的艺术节成为旅游者到访该城市最重要的原因。

伴随文旅融合进程的不断深化，入境游客在华期间的吃、住、行、游、购、娱等各个体验环节也将更多地被打上中国特色文化的烙印。如在住宿方面，入境游客可选择更多的精品文化民宿；在游览方面，除了将传统技艺、表演艺术等融入重点旅游景区、旅游度假区或者旅游节事外，类似做中国菜，学习中国书法、绘画，跟着师傅练中国功夫等更多文化特色体验活动也将为外国游客留下美好深刻的旅行记忆；在购物方面，实用性强、文化特色凸显、制作精美的文创产品将增加入境游客的购物选择，改善其购物体验。

（二）整合海外旅游目的地营销团队和内容

在文化和旅游机构合并之后，原文化部和原旅游局的海外宣传推广机构自然走到了一起，合力在全球主要目的地国家开展营销推广活动。据统计，我国在境外有 100 多个使馆文化处、20 个驻外旅游办事处和 39 个海外文化中心，海外文化和旅游宣传推广已形成“两处一中心”的组织架构。每年这些机构都要举办大量的文化旅游推广活动，其中有主题推广和交易会，有广告策划和投放，也有精心设计的专题发布会。2018 年和 2019 年，“两处一中心”积极参与中欧旅游年、中国—太平洋岛国旅游年、中葡文化年、中赞文化年、中老旅游年以及中柬文化旅游年，增进了各国人民对中国文化和旅游的认知和向往。值得一提的是，在 2019 年 5–6 月，中国海外文化中心和驻外旅游办事处联合举办“中国旅游文化周”，在国内外举办 200 多场文化和旅游交流活动。

在海外旅游目的地营销推广工作的团队力量进一步增强的同时，营销推广工作的内容更加多姿多彩，引人注目。在世界各地持续举办的“美丽中国”旅游推广活动，更加注重将中国旅游“超乎想象”的独特魅力和各地文化旅游多样性结合起来。在这些推广活动中，文化交流和文艺表演往往是重头戏。中国的音乐、戏剧、诗歌、书法、武术、美食、服饰和中医药成为客源地人民关注的焦点，剪纸、书法、踢毽、投壶等展示和互动游戏也常常将推广活动变成中国文化嘉年华。文化多样性在旅游目的地营销推广中更加广泛的应用将进一步拉近世界各国人民对中国传统文化和人民美好生活的认知，提升中国的魅力。

（三）为入境旅游发展培养复合型人才

文旅融合发展也将带动政府和产业领域相关人员的沟通和交流，促进彼此了解的同时，相互借鉴、相互学习。一方面，文旅融合发展有助于培养跨学科、跨专业的复合型人才。另一方面，有利于吸引文化领域中的专业人员更多地了解，甚至服务于入境旅游。目前入境旅游发展急需补充导游队伍，熟悉文化、懂旅游、会外语的导游更加稀缺，这已经成为制约我国入境旅游健康、可持续发展的因素之一。在文旅融合背景下，高等院校人文历史及艺术专业的学生将更有可能到旅游行业实习，而已有的导游及旅游专业的学生也将更有机会获得人文艺术方面的培训。除了培养这一途径外，入境旅游还可直接吸引部分文化领域的专业研究人员加入。无论是培养还是直接引入专业人员，这些复合型人才有一定的外语能力，了解入境游客与中国的文化差异，熟知某一领域的专业知识，可以给予入境游客更专业的讲解，在保障中国文化被正确解读的同时，能够传递生动且有温度的中国文化，提升入境游客的文化体验。

三、城市开始成为目的地推广的新主体

（一）城市是入境旅游市场的关键支撑

城市是我国主要的入境旅游目的地和中转枢纽。城市作为广大居民开展

经济、政治、社会文化活动的空间，为入境旅游发展提供了必需的关联产业支撑以及包括旅游基础设施和公共服务等在内的产业发展环境。当地居民社会生活空间因其丰富多彩的休闲及体验活动成为入境游客体验异地生活、别样文化的好去处。城市通常拥有相对密集通达的航空、铁路和陆路交通网络，是入境游客从一个城市到达周边地区及另一个城市的必经之地。城市在入境旅游空间网络布局中，作为重要的节点和集散中心，对区域内的次级城市和乡村地区具有较强的辐射作用。

回顾我国入境旅游的发展历程，城市始终扮演着主要角色，发挥着关键力量，而且其在我国入境旅游发展过程中的角色和地位日渐凸显。早在我国入境旅游发展的初期阶段，特别是 20 世纪八九十年代，北京、上海、西安、广州及桂林等城市一直是我国入境游客的主要到访地。随着我国经济社会的持续发展，国家开放度的不断提升，深圳、厦门等经济特区城市，杭苏成渝等区域经济中心城市的国际影响力不断提升，越来越多的入境游客开始认识这些城市，并大量到访。在这一过程中，城市，尤其是一线城市的重要性愈加凸显。根据最新的统计数据，2017 年，深圳接待入境过夜游客最多，达 1200 多万人次，占全国总量的 20%，也就是说，入境游客中每 5 个人次就有 1 个去过深圳。同年，上海接待外国过夜游客最多（590 多万人次），占全国总量的比重更高，达 26%。

（二）城市不仅是入境旅游工作的基层实践主体，也是海外营销推广的主要运营者

对入境游客而言，在确定赴某一国 / 地区旅游之后，随即选择城市作为具体的目的地，其航班、住宿等预订及旅游线路规划绝大多数都以城市旅游目的地为基本单位，而较少在意省一级及更小行政级别（如县）的目的地。城市也是入境游客的主要停留空间，城市的生活、休闲、文化等空间及服务为满足入境游客的异地生活需求提供根本保障，旅游服务品质及入境游客满意度提升的任务也自然更多地落在城市旅游目的地的肩膀上，城市旅游目的地成为推动我国入境旅游可持续发展、提振入境旅游的基层实践主体。

城市无论是作为入境旅游目的地还是中转枢纽，都是整个入境旅游经济网络中的重要节点，城市还在国际旅游目的地管理和营销工作中扮演着愈加重要的角色，是海外营销推广的主要运营者。尤其考虑到我国的现实情况，中国地理面积辽阔，地域差异较大，各地特色各异，在境外进行旅游目的地宣传推广时，虽然需要从国家宏观层面上进行整体营销，但也需要从更加微观的城市旅游目的地层面开展精细化营销，以便集中阐述当地的文化和旅游特色，针对不同的客源市场有的放矢地开展营销推广活动。

（三）城市积极创新海外营销推广活动内容与方式

当前，我国城市开始主动地承担起海外旅游目的地营销推广工作，积极开展国际旅游交流与合作。部分城市专门出台了促进入境旅游的意见、行动计划等公文，凝聚社会各界发展入境旅游的共识，为城市入境旅游发展指明方向。上海市2018年10月发布了《关于促进上海入境旅游发展的若干意见》，明确了到2020年上海市入境旅游的发展目标和重点任务；重庆市于2019年8月出台《入境旅游提质增效三年行动计划（2019—2021）》，阐明了未来三年重庆市入境旅游发展的目标和具体工作任务。在区域合作方面，2018年7月，北京、上海、陕西3省市原旅发委、旅游局共同签署《北京、上海、陕西中国入境游旅游枢纽合作备忘录》，作为国内首个以入境旅游为主题的省际合作机制，该备忘录旨在通过制定联席会议制度，设立专项基金，搭建企业交流平台，开展境外联合促销等方式，促进三地入境旅游共同发展。

近年来，北京、上海、广州、杭州、成都、重庆等城市主动走出去，积极向世界各地推介自身特色文化和旅游资源，不断创新海外旅游推广活动内容，探索新的推广方式，形成了一系列可借鉴的好做法。北京在2019年北京国际旅游节开展了“相约北京144小时，我们来了”（The 144 Hours in Beijing）境外达人直播北京主题传播活动，邀请3名海外旅游达人来京游览特色线路，体验144小时入境免签政策、离境退税政策和当地公共服务。上海市在海外开展“上海客厅”城市推广活动，通过独具上海魅力的展品打造多维度场景，凭借VR技术展现上海的城市建筑和街头，通过这种场景式的推广手段，为现场潜在入境游客提供沉浸式感知、体验上海的机会，提升城市吸引力。为实时跟踪主要客源地市场变化，密切与客源市场的联系，扬州还在国内外设置了城市旅游推广站。部分城市也开始意识到在开展目的地营销过程中，也要不断夯实营销工作的第一步——市场研究。例如，2018 年，原杭州市旅游发展委员会与亿客行集团（Expedia Media Solutions）合作，在欧洲市场（包含英国、法国、德国及荷兰）开展名为“杭州完美假日”的计划事件营销线上活动，对杭州的景点和体验项目进行评选。这种基于目标客源市场偏好数据进行的分析，可直接服务于目的地公共服务、旅游产品设计，尤其是对未来的目的地营销活动内容具有直接的指导作用。同时也表明，城市在进行目的地营销过程中，已经不再仅仅一味地推销自己所有的“好东西”，而是在营销之前对市场需求进行调查，基于市场需求偏好来有的放矢地开展营销推广活动，这意味着我国海外目的地营销推广工作思路开始逐步走向专业化。

第四章

紧跟游客需求开展
海外目的地营销

本章基于中国旅游研究院的入境游客消费行为调查①（以下简称“消费行为调查”）以及中国旅游研究院与谷歌联合开展的入境游客行为与态度调查②（以下简称“行为态度调查”）的结果，初步分析中国在海外开展旅游目的地营销工作的方向，如目标客群、重点营销内容、渠道选择等。首先，基于入境游客的人口统计特征识别中国海外目的地营销推广的目标客群；其次，基于其喜好分析海外目的地营销推广的主要旅游产品及内容；再次，基于入境游客信息获取渠道及其关注内容确定营销推广渠道及主要传播内容；最后，基于入境游客的满意度评价及潜在入境游客的旅行障碍认知识别旅游目的地管理中心有待改进的地方。

鉴于海外目的地营销工作的主要对象是除港澳台地区以外的客源国家，且如上文所述，外国客源市场是提振我国入境旅游的关键，本章采用针对外国游客的调查结果。

一、海外目的地营销的目标客群：受教育水平较高、收入较高的中青年群体

根据我们的消费行为调查结果，中青年是外国人入境旅游市场的主力。其中，25~44 岁的中青年外国游客占比最高，近七成。与此同时，45~59 岁的中老年外国游客占比相对较高（17.5%），他们是外国来华团队旅游的主力。

① 课题组于2018年每个季度同时在北京、上海、广州、成都、重庆、西安、沈阳和杭州8个入境口岸城市通过随机拦截对入境游客进行问卷调查，本次调研共收回有效问卷 3229 份，其中 1127 份来自外国人入境游客，为海外目的地营销工作的主要对象，这部分数据为本章分析所使用。

② 课题组于2019年上半年针对全球17个主要客源国的（潜在）入境游客进行线上问卷调查，共收集有效问卷 2800 份。其中，1947 份来自过去来过中国的入境游客，其余 853 份来自未来一年计划来中国的潜在入境游客，后者补充了对入境潜在游客需求分析所必需的数据。

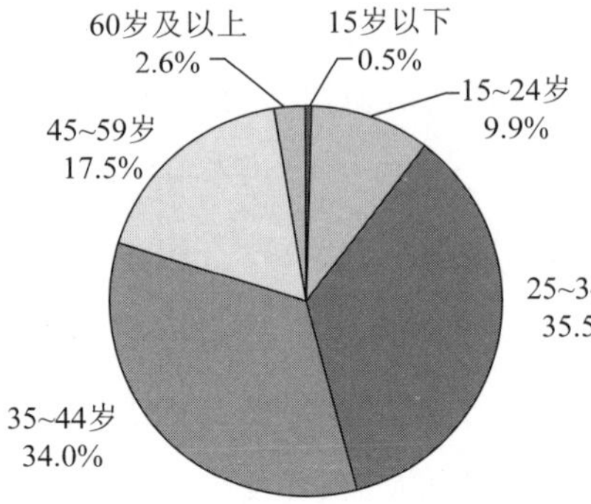

图 4-1　2018 年受访外国游客的年龄分布

较高受教育水平群体占外国游客的绝大多数。根据消费行为调查，拥有大学本科学历的外国游客占比最高（36.7%），获得大学专科、大学本科以及硕士以上学历的具有较高受教育水平的外国游客占绝大多数，占比超过七成；中等教育水平（高中 / 中专 / 技校）者的占比也超过 20%。

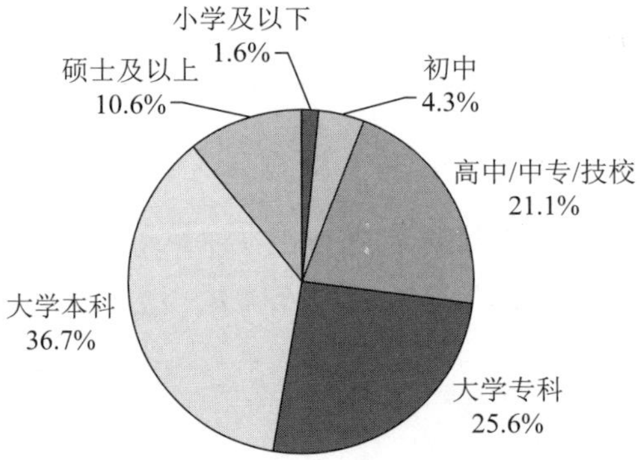

图 4-2　2018 年受访外国游客学历分布

较高的受教育水平往往意味着较高的收入，中高收入群体是外国客源市场的主要构成。消费行为调查结果显示，税前月收入在 5001~8000 美元的外国游客占比最高（24.8%），税前月收入在 5000 美元以上的外国游客占比接近六成。

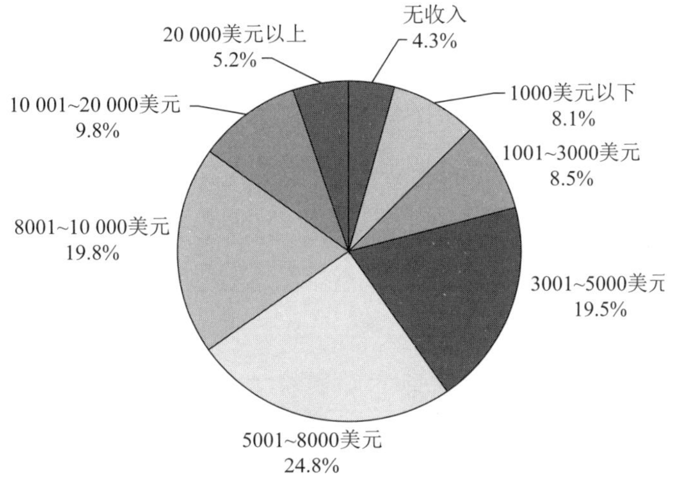

图 4-3　2018 年受访外国游客税前月收入分布

在上述外国游客的受教育水平和收入水平结构下，除学生外，外国游客主要来自教育（12.7%）、制造业（9.8%）、金融业（9.1%）和 IT 行业（6.7%）。

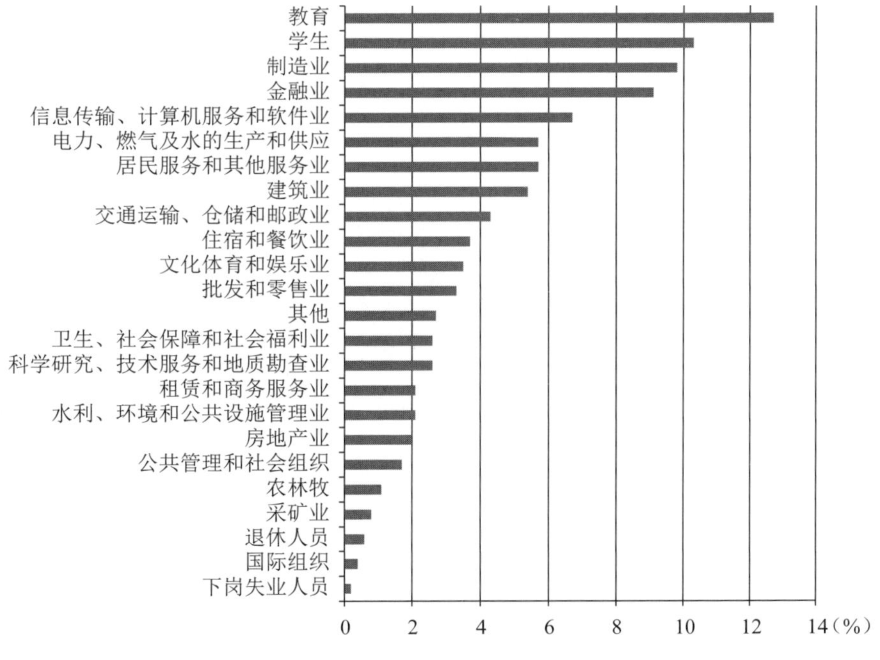

图 4-4　2018 年受访外国游客职业分布

在较高的收入水平下，外国游客在华的旅游花费也较高。从消费行为调查结果来看，人均花费在 1000~3000 美元的外国游客最多，占比超过 40%。值得一提的是，花费最高的外国游客（人均花费超过 5000 美元）占比接近 25%，显著高于花费水平最低的外国游客（人均花费 1000 美元以下）占比（19.5%）。

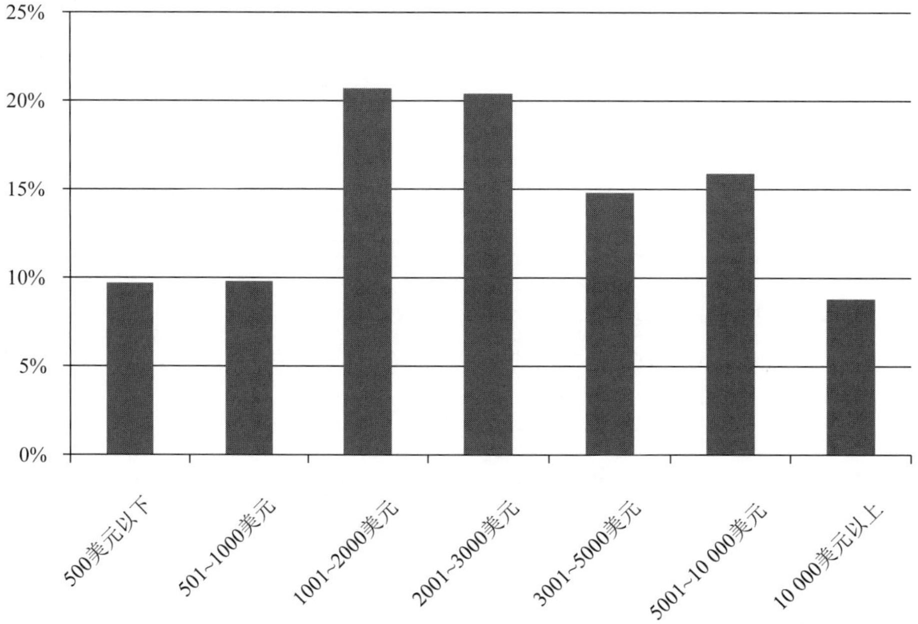

图 4-5　2018 年受访外国在华游客人均消费

从消费项目来看，对于外国游客而言，机票费用支出往往占大头。交通是大多数来华外国游客（24.1%）花费最多的项目，紧跟其后的是餐饮，一定程度上意味着外国游客愿意为品尝中华美食大掏腰包。另外，不少外国游客（15.9%）在购物上的花费最高，旅游购物对外国游客依然具有较强的吸引力。

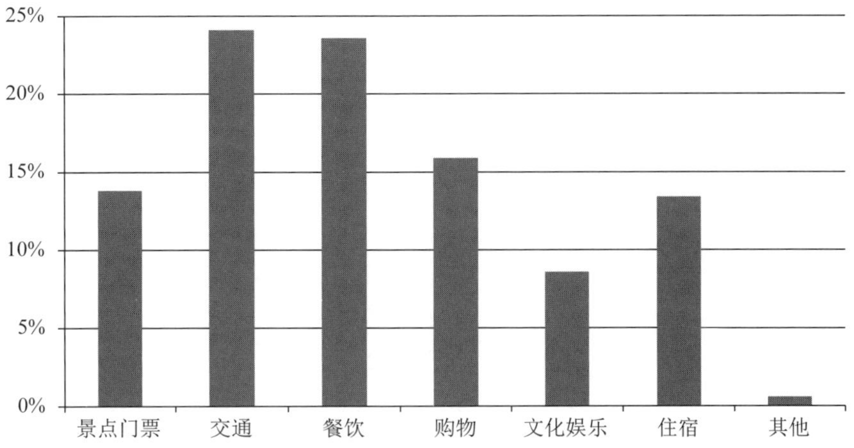

图 4-6　2018 年受访外国游客花费最高项目

二、海外旅游产品营销的关键词：自由、品质与体验

（一）外国游客散客化趋势显著的同时，也在追求旅游品质

行为态度调查结果显示，游客更加注重行程的自由性。过去两年来过中国的外国游客中，较少游客（18%）选择传统的跟团旅游，大多数外国游客（66%）选择自助游或者半自助游。也有少部分外国游客（16%）选择定制游或私人团体游，兼顾行程的自由性和品质感。

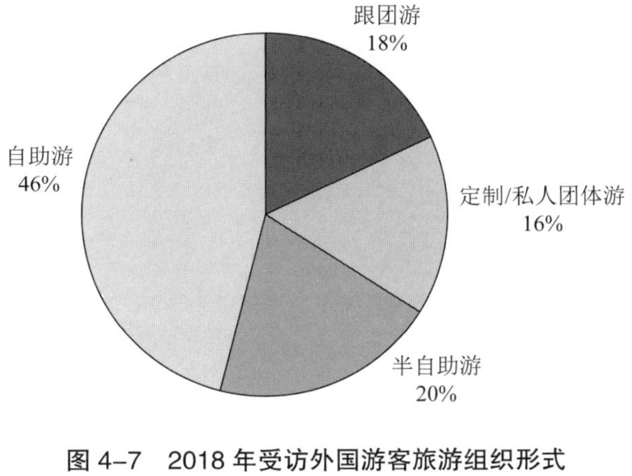

图 4-7　2018 年受访外国游客旅游组织形式

外国游客的住宿设施选择直接反映出其对旅游品质的追求。虽然大多数外国游客（29.0%）选择中等住宿设施，但选择豪华酒店者也不在少数（20.9%）。近一半外国游客选择中高档住宿设施。

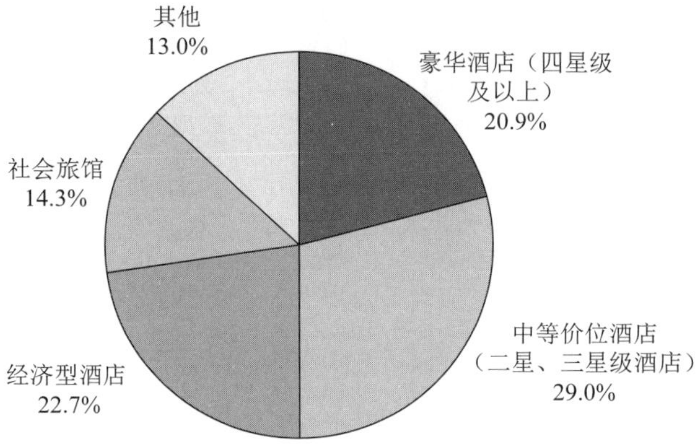

图 4-8 2018 年受访外国游客住宿选择

（二）外国游客偏爱注重体验的慢旅行

消费行为调查结果显示，休闲 / 度假几乎与游览 / 观光比肩，是外国游客来华旅游的主要目的之一。而超过 20% 的外国游客来华的主要目的是了解中国特色文化。无论是休闲 / 度假还是了解中国特色文化，均体现出显著的体验需求。

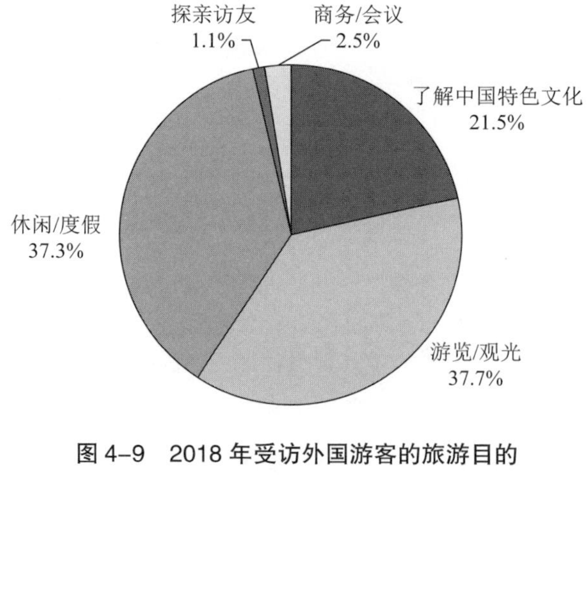

图 4-9 2018 年受访外国游客的旅游目的

外国游客参与的活动项目也进一步体现出这一体验特征。外国游客除了游览中国独特的山水风光和文物古迹外，也有较多外国游客参与更具体验性的美食烹饪、乡村度假及文化艺术等活动。

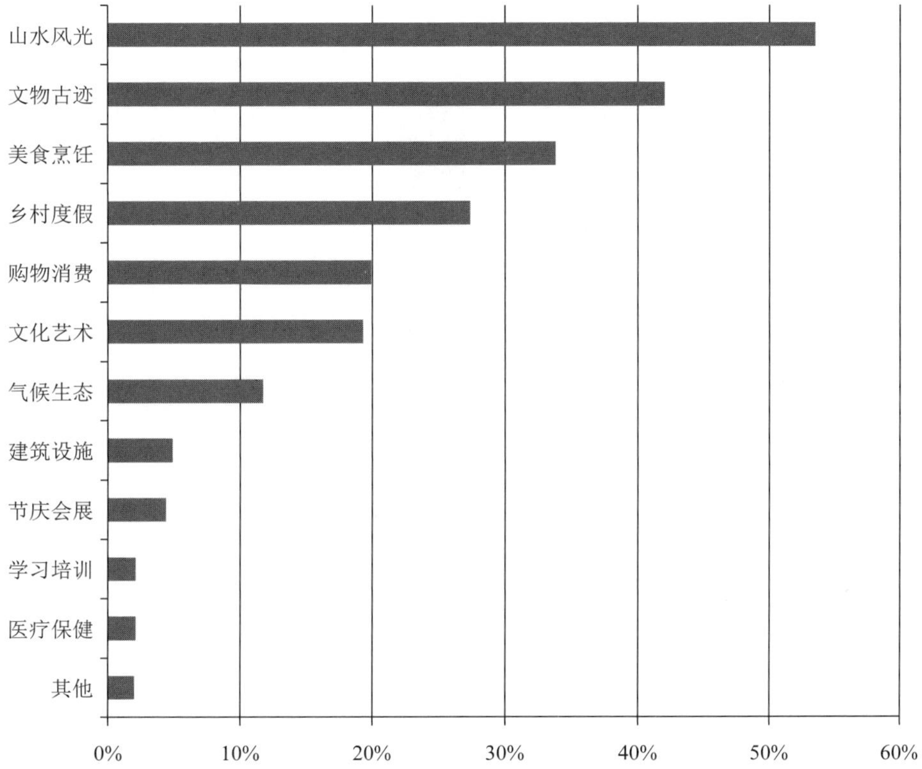

图 4–10　2018 年受访外国游客的游览项目

从外国游客在华停留的时间和游览景点个数来看，外国游客更偏爱可以较深度体验目的地生活的慢旅游。消费行为调查显示，超过 95% 的来华外国游客的行程中没有包含其他旅游目的地（中国香港、中国台湾、日本等），这在一定程度上保证了他们在华的旅行时间更长。绝大多数外国游客在华停留时间为 4~15 天，游览的景点为 3~9 个。较长的停留时间内游览有限的旅游景点意味着外国游客偏爱慢旅行，更愿意去体验目的地生活，了解当地文化。

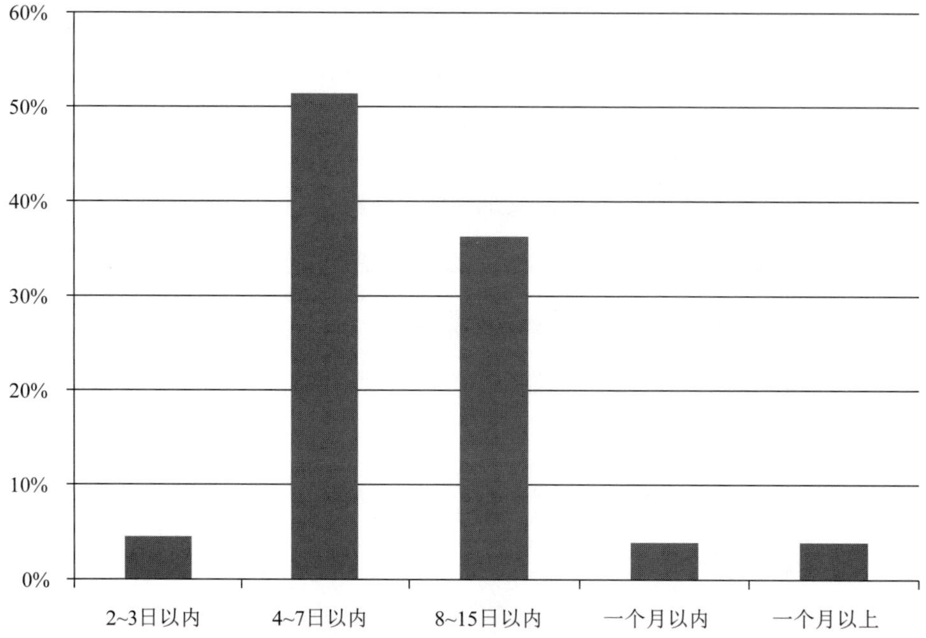

图 4-11　2018 年受访外国游客旅游停留时间

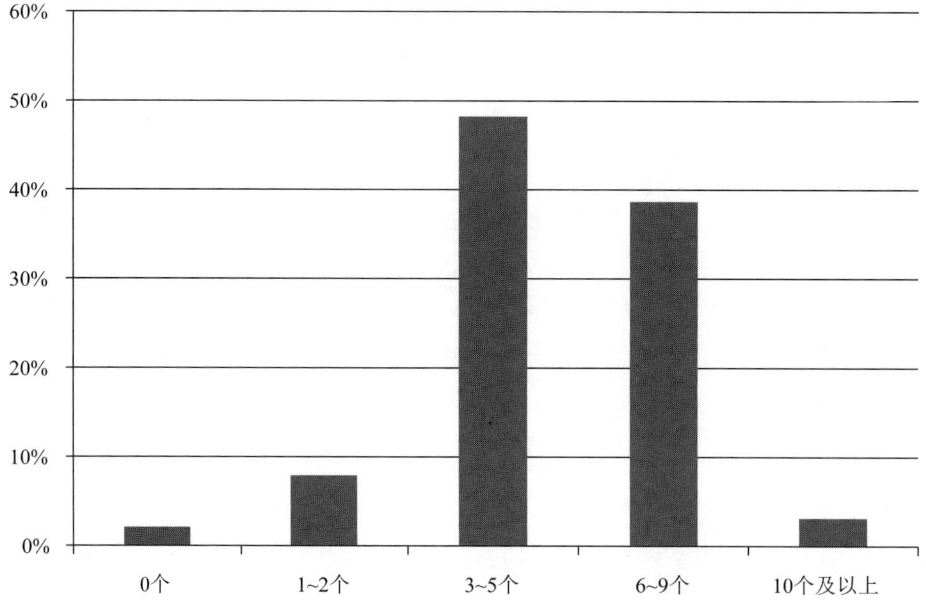

图 4-12　2018 年受访外国游客参观景点数

三、海外旅游信息传播媒介与内容：注重口碑营销，普及基础实用信息

在确定海外目的地营销推广的目标客源及产品后，要想更好地触达目标客群，还要选择合适的宣传推广渠道和宣传内容，这取决于外国游客信息搜索常用的渠道及有助于其消费决策所需要的各类信息。

（一）线上渠道是主导，线下口碑很重要

消费行为调查显示，外国游客在来华前信息获取最主要的渠道是网络，但亲朋好友的介绍也非常重要。在被问及最喜欢的信息渠道时，相对于网络，大多数游客（44.6%）更喜欢亲朋好友给予的信息。这意味着，如果条件允许，外国游客更愿意从亲朋好友那里获得他们认为更加真实可靠的目的地旅游信息。而这一信息获取方式也表明，要想吸引更多外国游客到访，不仅需要在线的旅游信息传递，更需要提升来华外国游客的满意度，以提升其回国后向身边亲朋好友传递正面来华旅游信息的意愿。

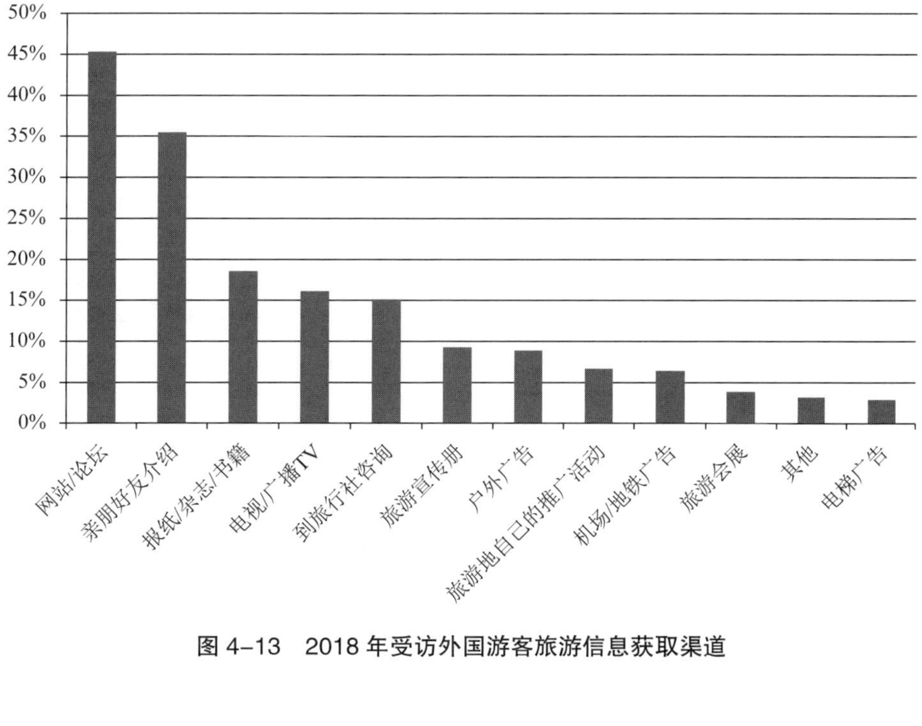

图 4-13　2018 年受访外国游客旅游信息获取渠道

此外，我们也注意到，传统的传播媒体，如报纸、杂志、书籍及电视、广播等依然是不少外国游客获得来华旅游信息的重要渠道。与此同时，旅行社在向外国游客传递旅游信息中依然扮演着较重要的角色，应对其给予必要重视。

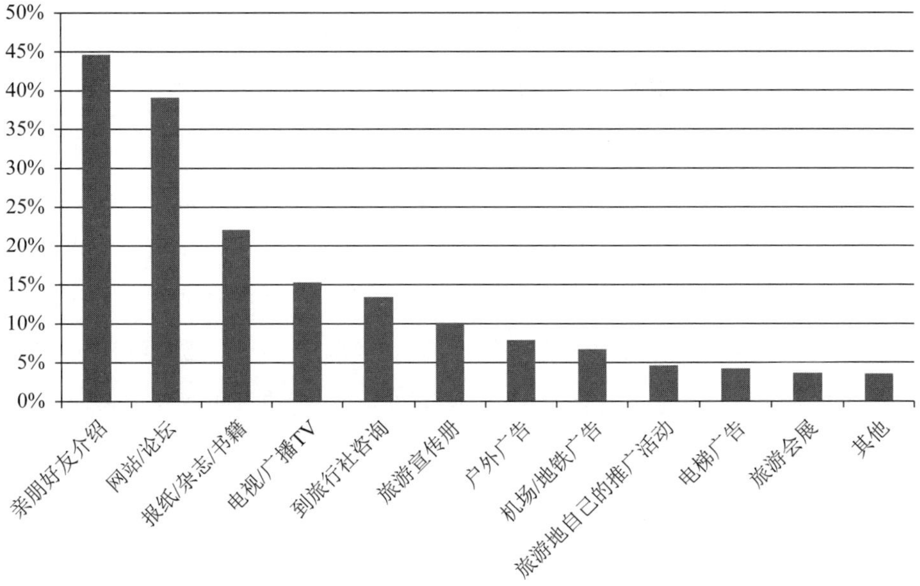

图 4-14　2018 年受访外国游客最喜欢的宣传方式

（二）不仅需要传递吸引游客到访的信息，也需要传递方便游客到访的基础实用信息

外国游客在选择旅游目的地时考虑的因素以及在确定来华之后的搜索内容决定了我国在海外进行目的地信息传递过程中应侧重的内容。根据消费行为调查结果，外国游客在进行目的地选择时，首要考虑的因素是目的地的吸引力，其次是旅行费用、交通等内容；外国游客确定来华旅游之后的信息搜索内容则更偏向于实际需求，如旅行费用、旅游产品和服务介绍、旅游交通 / 天气等生活信息。

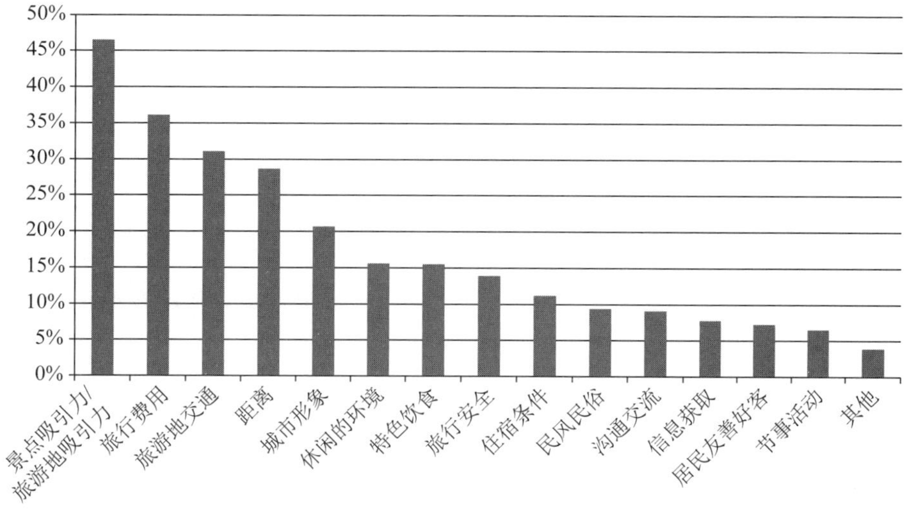

图 4–15　2018 年受访外国游客线路选择影响因素

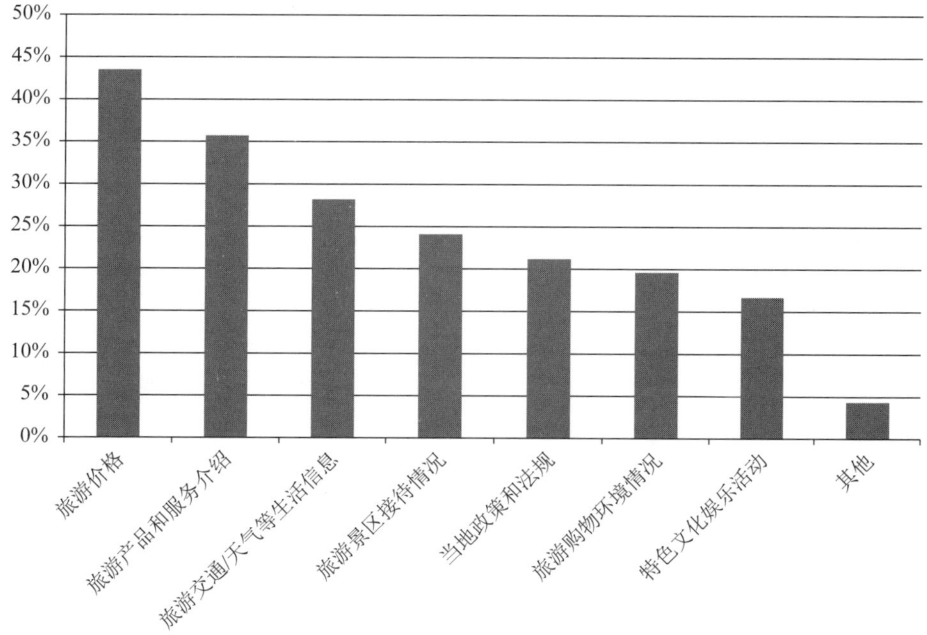

图 4–16　2018 年受访外国游客信息搜索内容

行为态度调查结果显示，无论是过去两年来过中国的外国游客还是未来一年计划来中国的潜在外国游客均认为所接触的各类信息，尤其是目的地社会经济文化方面的基本信息不能满足其需求。外国游客对观光提示类信息，如当地美食信息同样存在较大需求。虽然大多数外国游客泛泛地认为基础类、观光提示类及交通类的信息不足，但对各类别内具体信息的需求却没有那么高，一定程度上表明，外国游客对中国旅游目的地的整体熟悉度较低，还不清楚自己需要的各种具体信息内容。

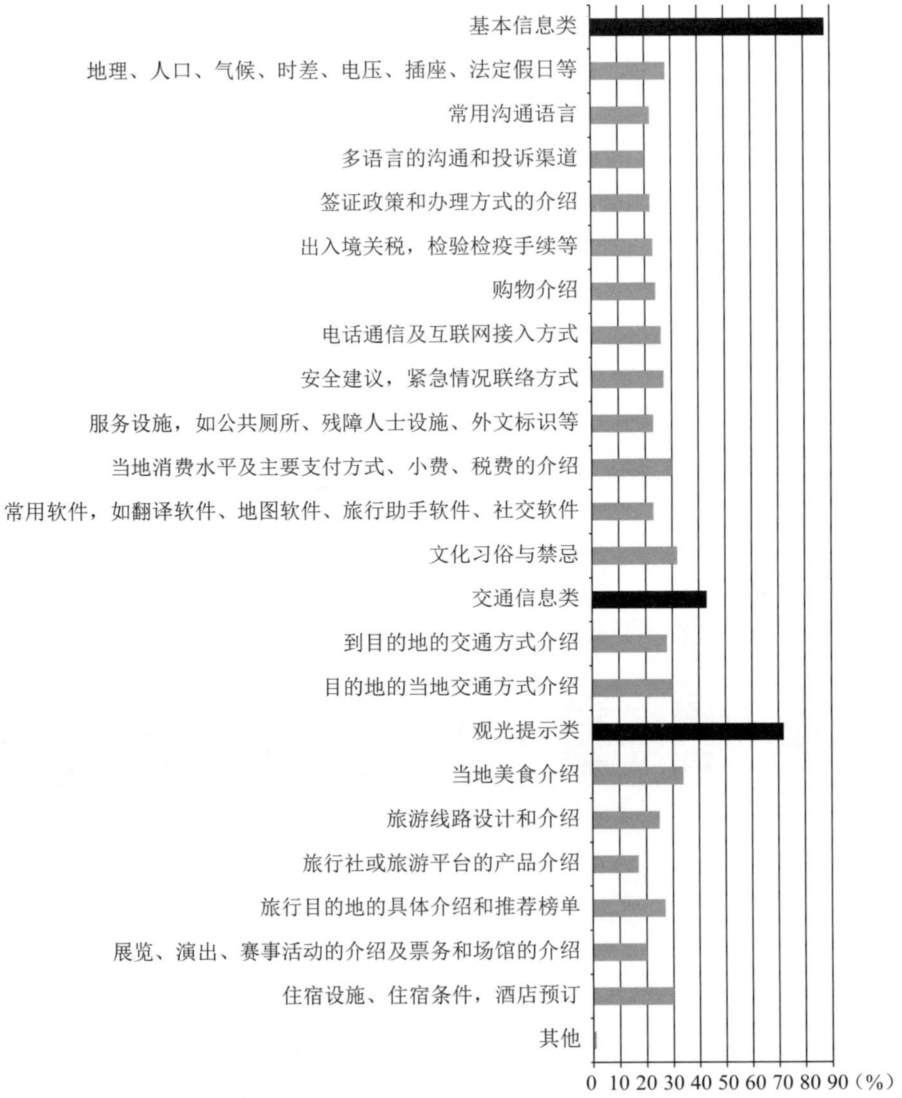

图 4–17　2019 年受访外国游客对各类信息需求情况

由此可见，对于中国的海外旅游目的地宣传推广活动而言，在通过各种方式，创新宣传推广活动内容，提升目的地在潜在外国游客眼中吸引力的同时，还应辅以各种平台渠道（目的地营销门户网、OTA、旅游评论、比价网站、线下旅行社等）丰富并不断更新有关中国旅游的实用信息，比如中国签证服务中心的网站应及时变更最新的签证政策；也要重视通过传统媒体（如电视、广播、报纸等）以及新兴社交媒体传播与中国旅游相关的基础信息，提升潜在外国游客对中国及中国旅游的熟悉度。

四、目的地公共服务改善：提升旅游便利度和舒适感

（一）交通、移动通信、签证等方面便利度有待提升

外国游客在中国旅游的便利度有待进一步提升。消费行为调查结果显示，在外国游客对城市建设的评价中，其对便利程度的评价相对较低（如图 4-18）。在外国游客对城市公共服务的评价中，其对目的地交通（出租车及长途客运）及手机信号覆盖的评价相对较低（如图 4-19），间接反映出交通和移动通信方面的便利度有待提升。行为态度调查结果同样显示（如图 4-20），影响外国游客来华旅游的障碍中，70% 的被访者认为交通是来华旅游的障碍。此外，签证也是旅行便利度有待提升的另一方面。

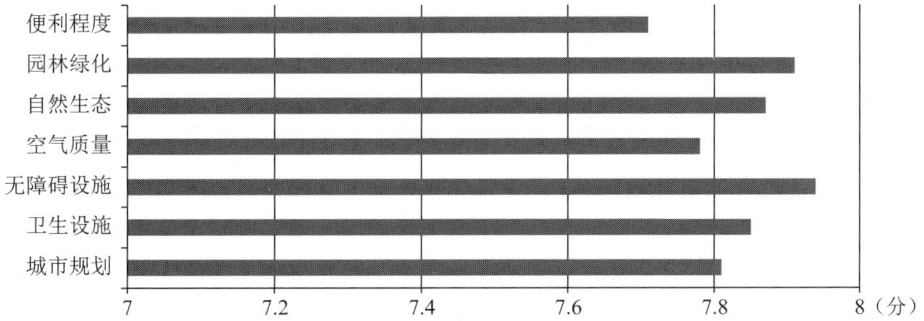

图 4-18　2018 年受访外国游客对我国旅游目的地城市建设评价（1–10 分）

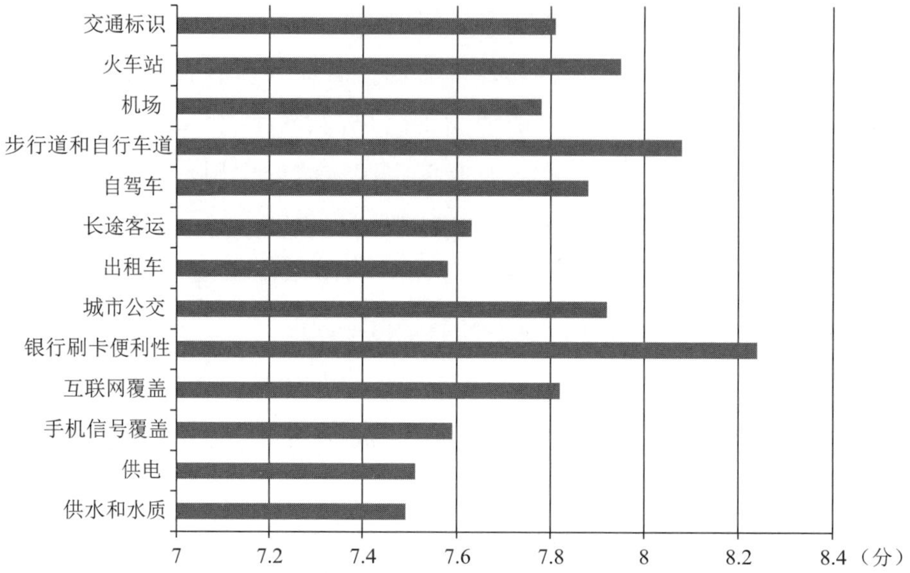

图 4–19　受访外国游客对我国旅游目的地公共行业服务的评价（1–10 分）

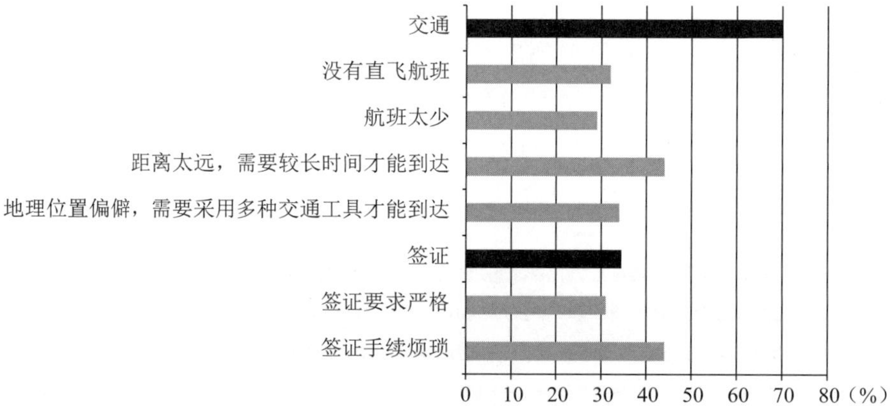

图 4–20　受访外国游客赴华旅游障碍（1）

（二）继续改善基础设施，提升旅游服务品质

行为态度调查结果显示（如图 4–21），多数受访者（70%）认为基础设施是其来华旅游的障碍之一。其中，超过三成的受访者对公共厕所卫生、住宿场所及景点 / 活动等设施提出更高要求。消费行为调查结果（如图 4–22）

同样显示，外国游客在华旅游服务品质有待进一步提升，受访者对旅行社和导游服务的评价较低。此外，其对交通较低的评价再次表明外国游客在华旅行便利度还不高。

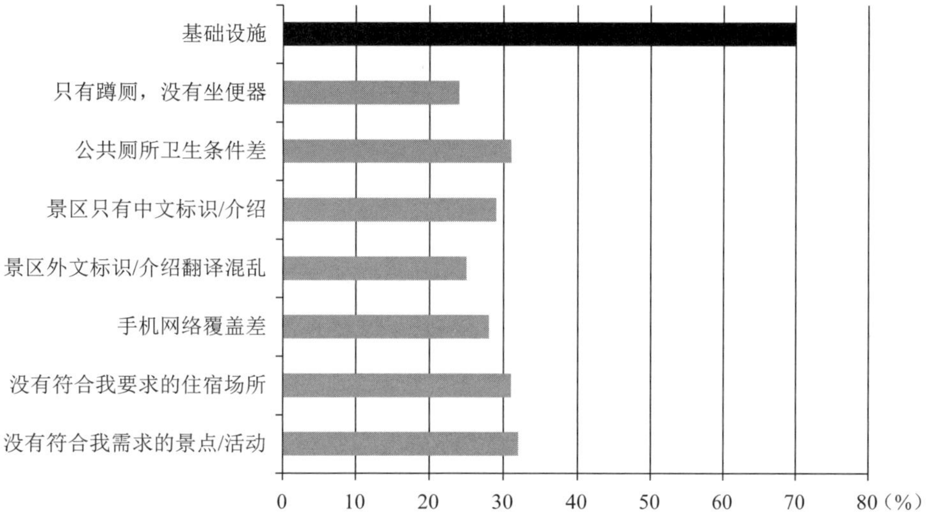

图 4-21　受访外国游客来华旅游障碍（2）

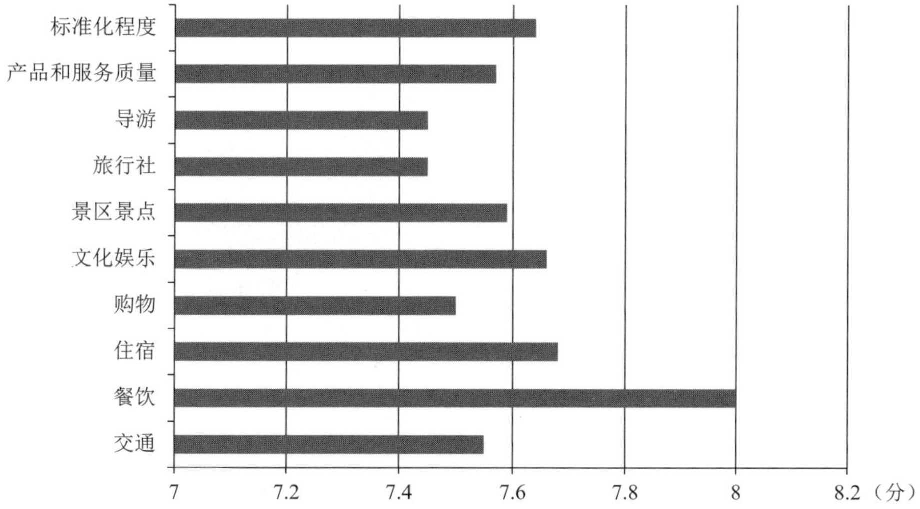

图 4-22　受访外国游客对我国旅游目的地窗口服务的评价（1–10 分）

第五章
促进入境旅游发展的对策建议

根据世界旅游组织（UNWTO）公布的最新数据，2018 年，中国入境旅游接待规模位居全球第四，排在法国、西班牙和美国之后。世界经济论坛发布的《2019 年度旅游业竞争力报告》显示，中国在全球旅游业竞争力榜单中排名第 13 位，比上一次 2017 年的排名提升 2 位，这是中国在全球旅游业竞争力评价中的最高排名。在文旅融合发展的新时期，随着各项政策的带动，中国入境旅游市场的发展前景良好，其增长趋势有望得到进一步稳固。根据中国旅游研究院（文化和旅游部数据中心）发布的数据，2019 年上半年，中国接待入境游客 7269 万人次，实现国际旅游收入 649 亿美元，分别比上年同期增长 5% 和 5%。预计 2019 年全年接待入境游客 1.45 亿人次，同比增长 3.0%，实现入境旅游收入 1309 亿美元，同比增长 3.0%。随着过夜游客占比和外国游客占比的提升，中国入境旅游的市场结构将进一步优化。

入境旅游从来没有离开国家旅游发展战略体系的中心，国家发展入境旅游的决心也从未动摇。入境旅游从 2015 年起开始进入恢复增长期，但同时也面临着空前激烈的国际竞争和前所未有的改革与创新挑战。面临此大变局，需要有更大的定力和更坚决的行动提振入境旅游发展。

一、将入境旅游振兴与国家战略更紧密地结合起来

依托国家战略提振入境旅游。在高层外交、重大主场外交、文化旅游年以及欢乐春节等重要活动中增加入境旅游的曝光率，将促进入境旅游发展的相关内容写进“一带一路”、亚洲旅游发展计划中，促进中国和周边国家的双向往来。将入境旅游与积极推进全域旅游、厕所革命、旅游 +，文化 + 和文化旅游融合发展有意识地结合起来，在国内持续推进这些战略的同时，将促进入境旅游的内容纳入，兼顾入境旅游市场需求，让更多的入境游客可以进入并体验我国人民的美好生活空间。

通过入境旅游的发展促进国家战略的落实，提升国家软实力，助力国内和入境旅游市场协同发展。要促使更多来自“一带一路”沿线国家及亚洲国家的民众到中国进行实地游览，他们在体验中国传统及当代文化的同时，也

将切身感受中国的经济发展成就，增进对中国的认知，为“一带一路”倡议等国家战略的落实提供广泛的国际民众支持。在海外旅游目的地推介中，要通过无国界的自然风光、人类遗产、艺术等载体表达中国对入境游客的友好，正确引导入境游客对中国的认知，树立和强化正面的国家形象。在国内实施全域旅游、厕所革命、旅游+、文化+和文化旅游融合发展的战略过程中，要注重入境旅游市场需求的满足，尤其是入境游客在语言、文化习俗及生活习惯等方面的特殊需求，为国内旅游发展的相关战略打上国际化色彩的同时，伴随国内旅游服务品质的提升，自然而然地提升入境旅游服务品质，实现国内和入境旅游市场的协同发展。

二、进一步释放文旅融合发展带来的新动力

在入境旅游产品开发、海外目的地营销以及人才培养等领域继续推动文旅融合发展。在入境旅游产品开发上，注重文化和旅游融合的创新。以文化为创意源泉和开发动力，提高丝绸之路旅游带、长江国际黄金旅游带、黄河华夏文明旅游带、长城生态文化旅游带、京杭运河文化旅游带、长征红色记忆旅游带、海上丝绸之路旅游带、青藏铁路旅游带、藏羌彝文化旅游带、茶马古道生态文化旅游带等国家精品旅游带对入境游客的吸引力。在海外目的地营销推广方面，继续提升使馆文化处、海外中国文化中心的参与度，在宣传推广内容上，宣传传统文化的同时，讲好当代中国故事，用当地受众听得懂的语言传递有温情、可触及的当代人民的美好生活故事。

对于入境旅游市场，文旅融合的根本同样在于不同领域专业人才的融合发展。鼓励有条件的院校培养复合型人才，鼓励部分旅游专业学生选择历史类专业作为第二专业；推出试点，允许企业直接聘用既懂自身研究领域专业知识又会外语，也了解入境游客与中国文化差异的非遗传承人、高校及科研院所的在校研究生、教师、专家学者，对入境游客进行科普性的讲解，在提高入境游客人文体验的同时，也能保障文化传递的准确性。在制度上，探讨给予这些专业讲解人员导游资格的甄选办法；定期免费对全国的在岗在职入

境导游及非遗传承人进行专题文化、跨文化交流等方面的专业培训，提升入境一线服务人员的业务能力和素养。

三、从系统角度全面优化入境旅游发展的政策环境

在保障国家安全和利益的前提下，推进有中国特色的旅游便利化进程。引入和吸引权威智库参与讨论和研究，探讨有计划、系统性地推动包含签证、免退税和航权等便利化政策的可能性。尽可能地提升相关政策的精准性和实效性。积极引入大数据、云计算、AI、虚拟现实等科技推进旅游便利化进程，在入境便利化方向上，对粤港澳大湾区以及“一带一路”的相关国家或地区适当倾斜，在签证签注便利、航权开放、证照互认、车辆救援、旅游保险等多方面加大合作力度。突出全环境和全过程便利，在语言、网络连接、服务和交通衔接上投入更多资源。近期考虑推动更便捷的多元交通方式联通，在跨境铁路、公路网络的联通上探索新的合作和管理机制，提升境内不同目的地间的客源输送、集散组织能力与服务质量。

四、创新体制机制，形成入境旅游营销推广工作的闭环管理

探索专业机构介入入境旅游营销的途径以及入境旅游推广促销工作市场化的可能性。以市场化、专业性为导向，改革体制，创新机制，开创国际旅游宣传推广新局面。探索建立专业性的“美丽中国”推广中心，将行政、市场和专业工作分开。除了营销推广工作外，还应承担相应的信息发布及培训职责。信息发布主要涉及目的地营销门户网站及相关网站（中国签证申请服务中心）信息更新和维护，游客服务中心宣传册内容设计及更新，国际会展和奖励活动信息的发布等；培训工作则不仅包括针对游客服务中心工作人员的岗位培训，也包括基于特定客源市场对行业相关从业人员进行的市场需求培训。

规范目的地海外营销推广的工作流程，重视前期市场研究，针对不同的客源市场定制相宜的营销推广方案，通过专业机构落地后，对营销效果进行第三方评估，最后反馈到市场研究部门，形成闭环管理。其中，针对具体客源国开展的市场研究是目的地营销推广的第一步。应聘用专业人员或者联合专业机构开展市场调查及访谈，由此制订营销推广初步方案，锁定目标客源、推广内容及渠道。在市场研究过程中，可充分利用旅游大数据进行游客行为挖掘，为旅游目的地管理工作提供数据支撑。

不断创新海外营销推广工作内容。在各客源市场研究的基础上确定营销推广的内容，确定具体的有针对性的营销计划和方案，通过专业机构进行落地。在这一过程中，各级旅游行政主管部门应首先针对目标客源市场需求，结合自身的旅游资源优势，逐步构建起高度概括目的地特征、阐释目的地旅游内涵的旅游目的地形象体系。在该目的地形象体系下，不断创新营销活动内容，除了开展推介会、交易会等传统目的地营销推广活动外，尤其需要重视营销活动设计的创意和创新。纵观全球，各旅游目的地都在目的地营销上争相创新，典型如澳大利亚昆士兰旅游局的“招聘大堡礁看护员”活动、日本熊本县的网红吉祥物熊本熊、苏格兰首府爱丁堡的艺术节等。这些因地制宜、形式各样、创意十足的营销活动值得我们学习。与此同时，继续在传统的营销活动方面发力，搭建平台，密切同本国及客源国旅行社之间的联系，针对境外媒体、旅行社、自媒体等相关人员适时开展各种形式的考察团 / 体验游（Fam Trip），促进境内外人员之间的面对面交流。在营销渠道上，力争将基于传统媒体的粗放型、静态化的单向营销，转变为基于新媒体的集约型、动态化的互动营销，采用可裂变传播的新媒体渠道，与主要意见领袖（KOL）合作开展线上旅游目的地营销推广活动。

引入营销效果的第三方评估，并将评估结果实时反馈。依托目的地影响力调研等方式，对各类旅游目的地营销活动的效果进行跟踪性的综合评价，以提高营销的精准性，并将营销效果实时反馈到市场研究部门，保障其实时跟踪市场动态，不断调整目的地营销推广方案。在系统推进驻外办事机构的专业化转型的基础上，建立以绩效导向、关键指标为基准的考核机制。

五、重视城市在国家入境旅游体系中的支撑作用

城市是入境游客进入中国的第一站，也是入境游客停留和中转的基地，是我国重振入境旅游的基层践行者，也是海外营销推广的主要运营者，应充分认识到城市在提振我国入境旅游过程中的重要作用。在国家层面进行国际交流合作的过程中，也应为城市的海外宣传推广和国际交流合作搭建平台，鼓励城市积极落实国家层面的国际旅游交流合作规划及设想。在“一带一路”、亚洲旅游发展计划等国家战略实施的过程中，积极将城市纳入，促进相关战略务实落地。

实行部市共建，构建新时期的海外旅游目的地宣传推广平台。目前，我国在全球共有39家海外中国文化中心和20家驻外旅游办事处。其中，海外中国文化中心基本实行部省共建，而驻外旅游办事处虽然从地方借调工作人员，但在战略制度上并没有实现国家与地方共建。为进一步发挥城市在入境旅游宣传推广中的积极作用，可试点驻外旅游办事处实行部市共建的做法，允许某一城市在一定时期内在其目标客源国与文化和旅游部共建驻外旅游办事处，城市在客源国进行旅游宣传推广期间，可定期开展城市周、城市季等活动。与此同时，也可以就部分入境旅游大市在海外设立旅游代表处进行探索试点。目前，已有城市在海外设立城市旅游推广站。

六、为市场主体营造良好的经营环境

通过市场监管、市场准入、税收优惠等政策方面的探索与创新，为入境旅游市场主体营造公平的竞争环境，并针对特定客源市场，向相关企业提供培训和咨询服务，分享各客源国市场研究的成果，指导其调整相关的旅游产品和服务，进一步激活市场主体活力。

从源头上打击低价团，优化入境旅游接待环境。北美及澳大利亚、新西兰，尤其是东南亚等客源市场上依然存在较多的“零负团费”问题，受低价团的扰乱，市场价格被拉低，加之旅行社不得不通过“购物+加点”的方式

弥补成本，旅游服务品质得不到保障。这一“零负团费”问题不仅致使市场价格信号失灵，长远来看，还将拉低目的地品牌形象。要想保障市场主体的健康成长，首先要肃清这些市场上的低价团提供者，即客源国的组团社。监管部门应与客源地的旅游协会密切合作，一同取缔低价团。地方旅游管理部门应杜绝一味地追求入境游客的数量，甚至邀来团员众多的低价旅游团的做法，以牺牲旅游品质为代价，必然会断送入境旅游市场健康可持续发展的长远利益。

坚持开放基调，吸引境内外专业人才和机构从事入境旅游，提升服务品质。继续用好自贸区与边境旅游实验区、跨境旅游合作区等政策，扩大旅游业对外开放，调动境内外企业和个人经营入境旅游业务的积极性。允许港澳台和外国专业人员在我国考取导游证，获得“司兼导”资格，充实我国入境旅游人才，提高入境旅游服务品质。试点企业可采用直接聘用相关领域专业人员的做法，允许企业聘用既懂自身研究领域专业知识又会外语，也了解入境游客与自身文化差异的非遗传承人、高校及科研院所的在校研究生、教师、专家学者从事旅游讲解工作，带领入境游客开展深度体验活动。

加快探讨针对入境旅游市场主体的服务出口退免税政策。当前，我国对市场主体主要采取奖励的政策，各省市推出了详细的奖励办法，这些奖励政策虽好，但难免存在程序不透明，申报手续烦琐，甚至评选不公平的现象，且容易出现“寻租”行为。如果将奖励换成服务出口退税、免税政策，对符合既定标准的企业直接实行退税政策甚至免税政策，则能很大程度上解决上述问题。可以从旅游产品更加标准、有形性更强的住宿企业开始试点。

七、以美好生活为内容提升入境游客体验

中国即将全面跨入小康社会，中国人民的美好生活为全世界所瞩目。从这个意义上观之，异地的美好生活不仅为国内游客所向往，理当也成为入境游客关心的重点内容。在旅游产品开发、旅游基础设施、商业接待体系与公共服务体系不断完善的同时，在旅游产品开发上，要构建多样化、多层次的

美好生活旅游产品体系，培育并推出一批聚焦美好生活的精品线路和品牌。大力发展邮轮母港、自驾车营地、房车露营地、汽车旅馆、汽车租赁、游艇租赁等与休闲旅游新需求相适应的设施和服务，重视对体验式、生活型、创新性、主题式旅游产品的策划与深度开发，特别是足以吸引入境游客重复消费的休闲度假产品，通过硬件设施的改进完善、软件服务的提质升级和公共服务体系的完善增强产品的吸引力。重点关注旅游商业服务环境改善、旅游商品提档升级、旅游市场秩序治理、旅游保险体系和保险理赔手续完善等问题，让入境游客收获更加美好与真实的旅游体验。